SICH EINFACH AUF DEN WEG MACHEN

Manfred Köhler

SICH EINFACH AUF DEN WEG MACHEN

Lebenserfahrungen von Globetrottern und Abenteurern

Schwarzkopf & Schwarzkopf

INHALT

EINFÜHRUNG

Wie tötet eine Würgeschlange eigentlich ihre Beutetiere? Bricht sie ihnen die Rippen und zerquetscht sie? Werden die Opfer erdrosselt? Was mag es überhaupt für ein Gefühl sein, von einer Schlange gewürgt zu werden?

Im Keller seines Hauses hielt Rüdiger Nehberg in einem tropisch eingerichteten Schlangenraum unter anderem eine viereinhalb Meter lange, rund 45 Kilo schwere Felsenpythonschlange, die besonders aggressiv auf Menschen reagierte und grundsätzlich nach ihm schnappte, wenn er sich ihr nur näherte. Mit ihr wollte er das Experiment wagen. Er trug die Python hoch in den Garten und legte sie in die warme Sonne, wo sie sich wohlig aufringelte. Weil Rüdiger Nehberg damit rechnete, daß die Schlange sich in seinen Hals verbeißen würde, hatte er als Schutz gegen die nadelspitzen Zähne eine dick gefütterte Jacke angezogen und den Kragen fest verschlossen. Damit hielt er sich für ausreichend gewappnet, um zu tun, was die Python als Angriff verstehen mußte: Er ging zielstrebig auf sie zu und ignorierte ihr warnendes Zischen. Die Schlange reagierte, wie er vermutet hatte. Sie wich nicht zurück, sondern schnellte mit weit aufgerissenem Rachen eineinhalb Meter weit diagonal auf ihn zu, verbiß sich in seinem Hals, peitschte ihre Schlingen um ihn und warf ihn dabei zu Boden. Das Erwartete war eingetreten, das Experiment begann.

Natürlich hatte sich Rüdiger Nehberg nicht ohne Helfer auf den Versuch eingelassen. Sein alter Freund und Reisegefährte Klaus Denart stand bereit, um die Schlange vom Schwanz her abzuwickeln, sobald es um Leben und Tod gehen würde. Doch zunächst schien nicht viel zu passieren. Die Python hielt ihren Besitzer umschlungen wie bei einer festen Umarmung, ohne dabei zu würgen. Rüdiger Nehberg fragte sich noch, ob das schon alles sei – da merkte er, daß er nicht mehr einatmen konnte. Die Schlange blieb, wie eine Stahlfeder, auf Spannung, und sobald ihr Opfer ausatmete, zog sie nach – bis der letzte Sauerstoff aus den Lungen entwichen war. Nach

60 Sekunden war Rüdiger Nehberg am Ende, konnte nur noch hecheln und gab das Zeichen zum Abwickeln. Auch das erwies sich, wie erwartet, als problemlos: Irritiert davon, beim Klammern gestört zu werden, ließ die Schlange rasch von ihrem Opfer ab.

Der Selbstversuch war nach Plan gelaufen, Rüdiger Nehberg hatte sein Ziel erreicht und die Würgetaktik seiner Python am eigenen Leib erfahren. Doch es stand ihm noch eine Überraschung bevor...

20 Minuten nach dem Experiment fing sein Herz wie rasend an zu schlagen, Schweiß brach aus allen Poren und überschwemmte seinen Körper. Eine halbe Stunde lang war sein Organismus außer Kontrolle, dann endete die Panik-Attacke so unvermittelt wie sie begonnen hatte. Nachdem er geduscht und sich umgezogen hatte, fühlte Rüdiger Nehberg sich entspannt und gelockert wie nach einer besonders wohltuenden Massage.

So errang Deutschlands Abenteurer Nummer 1 neben der Erkenntnis, auf die sein Experiment abzielte, gleich noch eine zweite: Der Körper kann Todesangst empfinden, auch wenn der Verstand genau zu wissen meint, daß keine Gefahr droht. Bei den mittlerweile 20 Raubüberfällen, die Rüdiger Nehberg auf Reisen über sich ergehen lassen mußte, waren Verstand und Gefühle bei der Bewertung der Gefahr im Einklang, denn an der Bedrohung bestand kein Zweifel, Auswege waren nicht von vornherein in Sicht. Und das ist auch der Grund, warum er sein Schlangen-Experiment, das er von Klaus Denart jederzeit abbrechen lassen konnte, nicht in eine Reihe mit seinen Reise-Abenteuern stellt, sondern als »bagatellig« abtut.

Bagatellig? Eine Python absichtlich zu reizen, um sich angreifen und würgen zu lassen bis kurz vor den Erstickungstod – wenn das nicht der Rede wert sein soll, wie spektakulär muß da erst ein Unternehmen ausfallen, damit Nehberg es als Abenteuer einstuft, wie draufgängerisch einer, bis er es verdienen würde, Abenteurer genannt zu werden?

Doch nichts davon. Rüdiger Nehbergs Definition ist simpel: Ein Abenteurer ist für ihn ein Mensch, der bereit ist, Risiken einzugehen, der mögliche Gefahren zwar durch Vorsichtsmaßnahmen begrenzt, aber dabei in Kauf nimmt, daß ein Restrisiko bleibt, gegen das man auch mit noch so viel Umsicht nicht vorbeugen kann. Ein

Restrisiko war für ihn bei seinem Schlangen-Experiment ausgeschlossen, also war es kein Abenteuer.

Umgekehrt aber wäre mit dieser Definition des Experten jede Autofahrt ein Abenteuer, denn das Risiko eines Unfalls besteht immer, die Verletzungsgefahr läßt sich durch Anschnallen zwar begrenzen, aber jeder, der sich hinters Steuer setzt, muß in Kauf nehmen, daß ein Restrisiko bleibt, gegen das auch der besonnenste Fahrer nicht gefeit ist.

Ein Abenteuer scheint vor allem eine Sache des Standpunktes und der Gewohnheit zu sein. Sich von einer Schlange würgen zu lassen, war für Rüdiger Nehberg nicht nur deshalb bagatellig, weil er kein Risiko darin sah, sondern weil er von frühester Jugend an Umgang mit Schlangen hatte, also weit entfernt war von der Abscheu, mit der die meisten anderen Menschen diesen Tieren begegnen. Für einen Polizeihunde-Trainer ist es nichts Besonderes, sich, mit einem Beiß-Schutz gewappnet, von einem Schäferhund angreifen zu lassen. Wer Hunden normalerweise aus dem Weg geht, für den kann es dagegen schon eine kleine Heldentat sein, einen knurrenden Dackel zu streicheln.

Was ein Abenteuer ist, kann wohl jeder nur für sich selbst beantworten. Dieses Buch soll auch keine theoretische Untersuchung des Themas sein und das Ziel verfolgen, eine allumfassende Definition zu liefern; es soll vielmehr in Zusammenhang bringen, was bekannte Berufs-Abenteurer und weniger bekannte Hobby-Weltreisende über ihr eigenes Tun denken, es soll Gemeinsamkeiten und Unterschiede verschiedener Abenteurer herausarbeiten und vor allem zeigen, daß der Abstand zwischen denen, die man Abenteurer nennen kann, und denen, die sich weit davon entfernt wähnen, ein solches Leben zu führen, gar nicht so groß ist. Abgesehen von spektakulären Experimenten wie Nehbergs Würgeschlangen-Aktion läßt sich der Hauptunterschied mit einem Satz zusammenfassen: Abenteurer schieben ihre Wünsche nicht auf die lange Bank, sie zaudern nicht oder lassen sich von unbestimmten Ängsten aufhalten, sondern sie tun, was sie sich vorgenommen haben – egal, was es auch sein mag.

Von Abenteurern lernen, heißt also nicht, sich abzuschauen, wie man waghalsige Expeditionen übersteht – es geht um die Neubewertung des gesamten Lebens, unabhängig von der Art der Tätigkeit. Es geht um Selbstbestimmung, es geht darum, das zu tun, was man gern macht, den ersten Schritt zu wagen und sein Leben schließlich selbst in die Hand zu nehmen. Ob man das durch mehr oder weniger gefährliche Reisen macht, endlich den ungeliebten Beruf wechselt oder eine zerrüttete Ehe beendet – sich auf ein Abenteuer einzulassen bedeutet vor allem, etwas auszuprobieren, vielleicht daran zu scheitern, aber dadurch vielleicht auch herauszufinden, was man wirklich vom Leben erwartet, anstatt dieses Leben damit zu verschwenden, falschen Wunschträumen nachzuhängen.

Den Stoff für dieses Buch lieferten Gespräche mit Abenteurern, die es geschafft haben, mit ihren Reisen und Aktionen ihren Lebensunterhalt zu verdienen, aber auch mit Menschen, die jenseits spektakulärer Rekordleistungen ihr persönliches Abenteuer suchen und auf deren Leben das Reisen einen bestimmenden Einfluß hat, ohne daß es den erlernten Beruf ersetzt hätte. Als Abenteurer bezeichnen sich diese Globetrotter in den seltensten Fällen; und doch haben auch sie manch Wissenswertes zum Thema Abenteuer beizutragen.

Im Januar 2000 *Manfred Köhler*

KURZPORTRÄTS

BRUNO BAUMANN

Er begeistert sich für Berge, extreme Flußbefahrungen und Studienreisen zu Naturvölkern, aber bekannt geworden ist er durch seine Wüstenexpeditionen. Bei seinem Versuch, die Wüste Gobi allein zu durchqueren, wäre er beinahe verdurstet, doch das hindert ihn nicht, auf einen nächsten Versuch hinzuarbeiten. Bruno Baumann, 1955 in der Steiermark geboren, hat Geschichte und Völkerkunde studiert. Seinen Lebensunterhalt verdient er sich als Schriftsteller, Filmemacher und Fotojournalist in München.

ERIKA UND KLAUS BEER

Sie bereisen seit 25 Jahren die Welt, locken mit ihren Filmen über Länder wie Australien, Neuseeland oder die USA bis zu 800 Zuschauer in die Vorstellungen, haben vier Bildbände und eine CD-ROM veröffentlicht, sie veranstalten Messen und Filmfestivals und verhalfen ihrer Heimatstadt mit einem sogenannten *Fernwehpark*, einem Treffpunkt für Reisefreunde aus aller Welt, zu bundesweiter Beachtung – von Beruf aber sind sie nicht Profi-Vortragsreisende, sondern Bankangestellte. Zwar stecken Erika und Klaus Beer, 1952 und 1951 in Hof geboren und seit 1974 glücklich verheiratet, alle Feierabende, Wochenenden und Urlaube in ihr kleines Unternehmen *Terra-Film*. Doch während für Klaus Beer das Reisen, Filmen, Fotografieren und Schreiben Lebensinhalt ist, sieht es Erika Beer als Hobby, und so haben sich die beiden als weltreisendes Produktions-Team im Grenzbereich zwischen Amateur und Profi verfangen.

AXEL BRÜMMER UND PETER GLÖCKNER

Als sie nach einer Weltreise von fünf Jahren erstmals ihre Heimat wiedersahen, hatten Axel Brümmer (Foto: rechts) und Peter Glöckner (Foto: links) 80.000 Kilometer aus eigener Kraft zurückgelegt, hatten Krankheiten und Verletzungen überstanden, waren in Schußwechsel geraten, von Elefanten angegriffen worden, und sie hatten in mehreren Gefängnissen gesessen. Ihre Abenteuer und die bemerkenswerte Leistung der Weltumrundung per Fahrrad aber wurde von einer ganz besonderen Tatsache in den Schatten gestellt: Die beiden Extremradler kehrten nur räumlich in ihre Heimat zurück – die Verhältnisse, in denen sie aufgewachsen waren, hatten sich drastisch verändert. Denn Axel Brümmer und Peter Glöckner hatten bei ihrem Aufbruch in Saalfeld/Thüringen eine zwar untergehende, aber noch existierende DDR verlassen; bei der Rückkehr im Juli 1995 fanden sie ihre Heimat in einem anderen Staat, als ein völlig verändertes Land wieder. Weil sie aufbrachen in dem Bewußtsein, nie wieder in die gewohnte Heimat zurückzukehren, weil sie die Zeit des radikalsten Wandels einfach übersprangen und nun weit mehr als fünf Jahre aufzuholen hatten, wurde ihre Heimkehr in ganz Deutschland zum Medienereignis.

KLAUS DENART

Aus Klaus Denart hätte ein Profi-Abenteurer werden können. Er trieb sich monatelang in Afrika herum, befuhr große Abschnitte des Blauen Nils in einem Sarg, durchquerte mit Rüdiger Nehberg die mörderische Danakil-Wüste. Doch statt diese Erlebnisse zu vermarkten, schlug er einen anderen Weg ein. Klaus Denart, 1942 im Raum Flensburg geboren, hat Ende der siebziger Jahre zusammen mit dem Bergführer Peter Lechhart ein Spezialgeschäft für Reisezubehör eröffnet und im Laufe von 20 Jahren zu einem der führenden Unternehmen dieser Branche in Europa ausgebaut. Seine Firma *Globetrotter Ausrüstung* betreibt heute neben dem Stammgeschäft und einer Filiale in Hamburg zwei weitere große Filialen in Berlin und Dresden.

ARVED FUCHS

1989 erreichte er als erster Mensch beide Pole innerhalb eines Jahres zu Fuß. Vor allem durch den zweiten dieser beiden Gewaltmärsche, seine Südpol-Überquerung mit Reinhold Messner, wurde er so richtig bekannt. Arved Fuchs, Jahrgang 1953, hat seine Wohnung in Bad Bramstadt, aber die meiste Zeit des Jahres ist er unterwegs auf Expeditionsreisen oder Vortragstourneen. Mit *Sea, Ice & Mountains* gelang ihm mit seiner Mannschaft die vollständige Umfahrung von Nord- und Südamerika ohne Eisbrecherhilfe. Zusammen mit einem Partner hat Arved Fuchs das grönländische Inlandeis mit dem Hundeschlitten überquert, und als Solo-Abenteurer ist er im Einmann-Faltboot im Winter rund um Kap Hoorn gepaddelt.

PETER GEBHARD

Seine Leit-Themen sind extreme Natur- und Stadtlandschaften. Für seinen Vortrag über Patagonien hat der Berufsfotograf Peter Gebhard das patagonische Inlandeis überquert, das größte Gletscherfeld außerhalb der Polkappen. Und für seine neueste Dia-Show *Der Weg der Inkas* bestieg er den 5.940 Meter hohen Alpamayo. Doch das eigentliche Abenteuer liegt für den 1959 geborenen Diplom-Designer und Wahl-Bielefelder nicht in körperlichen Herausforderungen, sondern in der menschlichen Annäherung: Einlaß finden in die Welt des orthodoxen Judentums, eintauchen in die Rituale entlegener Bergvölker Boliviens, ins Gespräch kommen mit aggressiven Halbweltgestalten in der nächtlichen Bronx... Peter Gebhard nimmt den Begriff Dia-Vortrag wörtlich – er will nicht nur Bilder zeigen, er will vor allem auch Geschichten erzählen.

CHRISTINA HAVERKAMP

Ziviler Ungehorsam, sagt Christina Haverkamp, sei ihr heimliches Hauptfach an der Uni gewesen. Auch Jahre später noch erhebt sie sich gegen Mißstände, doch inzwischen richtet sich ihr Protest gegen ein ganzes Land. Christina Haverkamp (Foto: mit Yanomami-Kind), 1958 in Nordhorn geboren, kämpft seit 1990 gegen die Vernichtung des Indianer-Stammes der Yanomami und hat dafür auch schon den Menschenrechtspreis bekommen; das Preisgeld von 10.000 Mark steckte sie umgehend in die von ihr und Rüdiger Nehberg aufgebaute Yanomami-Krankenstation.

Um auf das Schicksal des sterbenden Volkes aufmerksam zu machen, haben die beiden den Atlantik auf einem Floß überquert, und das war bei weitem nicht Christina Haverkamps gefährlichstes Abenteuer. Als Aktivistin der Gesellschaft für bedrohte Völker ist sie oft in Krisengebieten unterwegs, zuletzt war sie im Frühjahr 1999 in Albanien, um Interviews mit Kosovo-Flüchtlingen zu führen; sie veranstaltet Frauen-Survivalkurse und gönnt sich immer auch mal wieder eine Expedition zum Selbstzweck. So bestieg sie 1999 als erste deutsche Frau den höchsten Berg Brasiliens, den 3.045 Meter hohen Pico de Neblina.

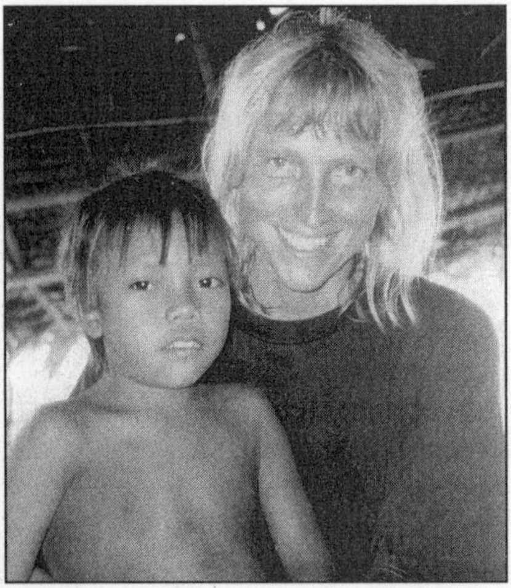

Doch obwohl sie mehr zu erzählen hätte als mancher männliche Kollege, geht sie mit ihren Vorträgen nicht in große Hallen, sondern tingelt damit durch die Klassenzimmer deutscher Schulen, um unter Schülern und Lehrern dafür zu werben, eigene Aktionen zur Rettung der Yanomami-Indianer auf die Beine zu stellen.

ALOIS HOFMANN

1985 wurde er im Alter von 28 Jahren Schwergewichts-Weltmeister im Kickboxen. Bis zu diesem Zeitpunkt hatte Alois Hofmann sich mit Jobs über Wasser gehalten und alle Energien in den Kampfsport gesteckt. Der größtmögliche Erfolg war zugleich der größtmögliche Einschnitt, denn nun gab es nichts mehr, worauf er hätte hinarbeiten können, und körperlich würde es nur noch abwärts gehen. Also wagte Alois Hofmann einen Neuanfang und gründete in seiner Heimatstadt Hof ein Gesundheits- und Fitneß-Center. Halt in der Zeit der Umorientierung fand er in seiner zweiten großen Leidenschaft: Alois Hofmann erschließt sich Länder wie Kambodscha, Vietnam oder Laos mit öffentlichen Verkehrsmitteln, auf dem Motorrad oder zu Fuß. Abenteuer als Kitt zweier Lebenshälften...

HEINZ KALLIN

Er war Ölbohrer in Indonesien, durchstreifte die Urwälder Asiens und Südamerikas, bestieg Fünftausender und fuhr auf Hundeschlitten durch Eiswüsten. Eine dauerhafte Aufgabe fand der 1950 geborene Berliner Heinz Kallin, als er 1985 die Camel Trophy in Kalimantan gewann: Zehn Jahre lang betreute er von da an den abenteuerlichen Wettbewerb. Inzwischen sei die Camel Trophy auf das Niveau von Bundesjugendspielen abgeschlafft, und daher bietet Heinz Kallin jetzt seine eigenen Offroad-Touren an, unter anderem in Südafrika.

THOMAS KROPFF

Vier Wochen in Kolumbien veränderten sein Leben. 1996 wurden Thomas Kropff und seine Freundin Silke Hofmann bei einer Reise von Los Angeles nach Buenos Aires im Urwaldgebiet El Darién von Guerilleros entführt. Daß sie nach einem Monat freikamen, war nur Glück – andere Geiseln, die zur gleichen Zeit in der gleichen Region verschleppt worden waren, wurden erschossen. Die Entführung wirkte sich jedoch nicht als lähmendes Trauma, sondern als Initialzündung für einen Neustart aus: Der 1970 geborene Reichenbacher und Wahl-Dresdener Thomas Kropff brach sein Wirtschaftsingenieur-Studium ab und setzte sich ein neues Ziel: Er will durch Publikationen und Vorträge über abenteuerliche Reisen seinen Lebensunterhalt verdienen.

MARCO KUHLMANN

Seit seinem zwölften Lebensjahr fährt er Kanu, am liebsten mit dem Kajak auf reißendem Wildwasser in Ländern wie Chile, La Réunion oder Zimbabwe. Er hat die Fachübungsleiter-Lizenz des Bayerischen Kanu-Verbandes, bietet gut besuchte Kanu-Kurse an, betreibt einen eigenen Kanu-Laden. Aber seinen erlernten Beruf als Maschinenschlosser aufzugeben, um seiner Kanu-Leidenschaft hauptberuflich nachzugehen, das wagt der 1970 geborene Helmbrechtser Marco Kuhlmann nicht. Zwar träumt er von einem Leben als Berufs-Abenteurer, aber er zweifelt daran, sich mit Kanukursen und Diavorträgen über Wasser halten zu können.

DIETMAR LÖFFLER

Er stürzt sich von Häusern, springt durch Glasscheiben oder läßt sich mit Benzin übergießen und anzünden. Dietmar Löffler, 1971 in Düsseldorf geboren, hatte es sich als Schüler vorgenommen, Sport und Geldverdienen irgendwie zu kombinieren. Sein Sportlehrer-Studium führte ihn jedoch nicht zu diesem Ziel. Nachdem er ein Jahr lang in einer Stunt-Show in den Bavaria Filmstudios in Bottrop gejobbt hatte, blieb er im Film-Bussiness hängen. Er gründete das *Stuntteam Dietmar Löffler* und hat inzwischen so viele Aufträge, daß er zusätzlich eine Stunt-Schule betreibt und verzweifelt Nachwuchs zur Verstärkung seiner neunköpfigen Mannschaft sucht, um nicht auf Dauer 16 Stunden am Tag im Einsatz sein zu müssen.

THOMAS MACK

Knapp 20 Jahre lang hat er geschuftet für zwei, hat nur gearbeitet und gespart; dann gab der 1958 geborene Jägersruher Thomas Mack seine Fahrschule auf und reiste 40 Wochen am Stück durch Australien, Neuseeland und über die Fidschi-Inseln. In die Tretmühle seines Berufes kehrte er danach nicht mehr zurück, er lebt seitdem als eine besondere Art von Aussteiger: Thomas Mack verbringt zwar die meiste Zeit in seiner Heimat, teilt sich seine Tage aber nach seinem eigenen Rhythmus ein und bricht in unregelmäßigen Abständen immer wieder zu kürzeren oder längeren Reisen auf.

MICHAEL MARTIN

Schon im Alter von 17 Jahren fuhr er mit dem Mofa durch Marokko, bereits als Schüler hielt er seine ersten Dia-Vorträge über Afrika. Heute ist Michael Martin, 1964 in München geboren, einer der bekanntesten Abenteurer und der Star unter den Multivisionsreferenten. Über 60 Reisen haben ihn in alle Teile Afrikas geführt, zwölf Bildbände hat er veröffentlicht, 15 Kalender, ein Lehrbuch über Diavorträge. Seine Show *Die Wüsten Afrikas* war bei ihrer Premiere mit 300.000 Mark Produktionskosten und einer Grundauswahl von 50.000 Dias der aufwendigste Vortrag Deutschlands. Doch für Michael Martin ist das Thema Afrika noch lange nicht ausgeschöpft. Sein Ziel ist es, die Möglichkeiten des Mediums Multivision weiterzuentwickeln, um den Kontinent künftig noch plastischer und eindringlicher darstellen zu können.

HANS MEMMINGER

Hans Memminger, Filmemacher und Buchautor, wurde am 22. März 1936 in München geboren, studierte Feinmechanik Optik und war als Kamerakonstrukteur tätig. Nachdem sein erster Film *Die Teufelsschlucht – Wildwasserfahren in Montenegro* (1965) mit großer Begeisterung aufgenommen worden war, wurde seine Leidenschaft für Filmen und Kajakfahren richtungweisend für seine weitere Tätigkeit. Seither gehört er zu den herausragenden Figuren in der Expeditionsszene. 1976 gelang ihm die Erstbefahrung der tiefsten Schlucht der Welt im Himalaja. Es folgten Expeditionen nach Kanada, Alaska, Sibirien und ein Auftrag der buthanesischen Regierung, in einer mehrmonatigen Expedition alle großen Flüsse des Landes zu erkunden. 1989 durchquerte Hans Memminger mit drei Kameraden 2.400 Kilometer Eismeer in der Arktis, es folgten drei weitere Arktis-Expeditionen. Der größte Erfolg war – als erster Mensch im Kajak mit bloßer Muskelkraft – die Bezwingung der gefürchteten Nordwest-Passage.

RÜDIGER NEHBERG

Allein seine Spezialgebiete reichen für drei Abenteurer-Leben: Rüdiger Nehberg (Foto: rechts), 1935 in Bielefeld geboren, aber seit Jahrzehnten in Hamburg zu Hause, ist der klassische Expeditions-Abenteurer, einer, der aus purem Entdeckerdrang reißende Flüsse befährt oder Wüsten und Urwälder durchwandert; er ist, zweitens, der Mann, der unter dem Schlagwort Survival das Fachgebiet des Überlebenstrainings in Deutschland eingeführt und populär gemacht hat – Abenteuer wurden dadurch für jeden erfahrbar, und das vor der eigenen Haustür; vor allem aber hat er es, drittens, als Menschenrechts-Aktivist durch unermüdlichen Einsatz geschafft, das Schicksal des von der Ausrottung bedrohten brasilianischen Indianervolkes der Yanomami weltweit bekannt zu machen. Was den gelernten Bäckermeister von allen anderen Abenteurern unterscheidet, sind sein Ideenreichtum und seine Vielseitigkeit. Er versteht es wie kein zweiter, sich mit spektakulären Aktionen in Szene zu setzen und damit die Sensationslust zu bedienen, dabei aber über allen Unterhaltungswert hinaus seinen Abenteuern Sinn und damit Tiefe und Einzigartigkeit zu geben.

RAINER OTT

Für ihn sind Reisen in erster Linie ein Mittel zur Selbsterfahrung: Rainer Ott treibt es hinaus in die Welt, wenn sich in seinem Leben Scheidewege auftun. Seine Ausbrüche mögen ihn dann in die Urwälder Kanadas oder in albanische Flüchtlingslager führen, sobald sich ihm unterwegs erste Ansätze für den weiteren Lebensweg erschließen, kehrt er nach Deutschland zurück und führt ein unauffälliges Leben, ohne an weitere Extremreisen auch nur zu denken. Bis er irgendwann, vielleicht erst nach Jahren, erneut jenes innere Aufbruchsignal vernimmt und alles hinter sich läßt...

ANDREAS PRÖVE

Für die meisten wäre ein solches Unglück das Ende aller Freiheit – für Andreas Pröve aus Wathlingen öffnete sich die Welt, als er 1982 im Alter von 24 Jahren nach einem Motorrad-Unfall querschnittsgelähmt blieb. Zwar waren die Hindernisse enorm, die er bei seiner ersten Indien-Reise im Rollstuhl überwinden mußte; doch das Selbstbewußtsein, das er bei diesem Abenteuer schöpfte, gab ihm so viel Auftrieb, daß der gelernte Tischler nicht nur weitere Reisen zum Selbstzweck unternahm, sondern sich auch selbst ausbildete in Fotografie, freier Rede, Dramaturgie – bis er sich schließlich einen neuen Beruf geschaffen hatte. Andreas Pröve gehört heute zu den begehrtesten Vortragsreferenten zum Thema Indien.

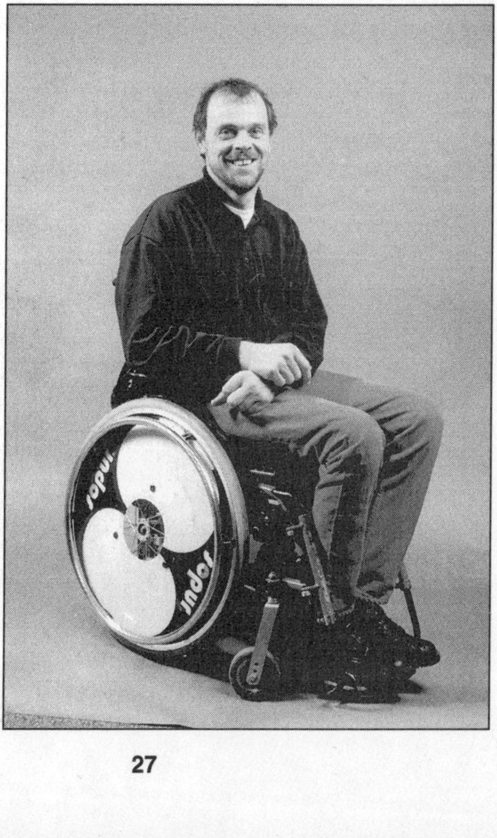

HARALD SCHWINDL

Es kann quälend sein, sich für etwas berufen zu fühlen, ohne genau zu wissen für was. Der Bayreuther Student Harald Schwindl, Jahrgang 1965, geriet nach einer ersten Afrika-Reise nach Zaire im Jahr 1991 völlig aus dem Gleichgewicht. Mit einem Mal war ihm klar, daß er nicht Lehrer an einer deutschen Schule werden wollte, daß er nur noch einen Wunsch hatte: zurück nach Afrika und auf Dauer dort leben. Jahrelang jobbte er als Taxifahrer, hauste in einer winzigen Bude, sparte auf die nächste Afrika-Reise und suchte nach einer Möglichkeit, sich eine berufliche Existenz in seinem Traumland aufbauen zu können. Inzwischen sieht die Zukunft zumindest etwas rosiger aus. Harald Schwindl betreibt in Nairobi ein kleines Safari-Unternehmen und verdient einen – noch – bescheidenen Lebensunterhalt damit, deutsche Touristen in den Busch zu führen. Sein bisher größter Erfolg: Anfang 1999 war Harald Schwindl Expeditions-Fahrer für ein ARD-Fernsehteam.

DIRK THIELE

Außer in Asien ist er schon überall auf der Welt gewesen. Und Dirk Thiele, 1961 in Bremen geboren, hat es auch geschafft, seine Reiselust zum Beruf zu machen. Allerdings verdient der gelernte Groß- und Einzelhandelskaufmann sein Geld nicht mit seinen acht Diavorträgen, die er vor allem in Norddeutschland zeigt, sondern als Verkaufsleiter einer Outdoor-Firma. Doch nur auf Reisen sein, von den Reisen berichten und Reise-Produkte vertreiben, das wäre Dirk Thiele nicht genug – ganz besonders wichtig ist es ihm, die Faszination des Abenteuers an die Jugend weiterzugeben. Zu diesem Zweck veranstaltet er jedes Jahr Kinder-Indianer-Wochenenden mit bis zu 400 kleinen Rothäuten. Mit seinem eigenen Nachwuchs plant er ein ganz besonderes Abenteuer: Dirk Thiele will seinen Sohn und seine Tochter für drei Monate aus der Schule nehmen und mit ihnen per Pferdekutsche auf Feldwegen von Niedersachsen aus in die Masuren fahren.

WOLFGANG UHL

Während seiner Lehrzeit als Speditionskaufmann unternahm der damals 19jährige Hofer seine erste Reise nach Afrika. Es folgten unter anderem: Winterbesteigung des Ganja La im Himalaja; zwei Wildwasser-Erstbefahrungen in Vorderasien; Urwald-Expedition zu den Pygmäen im Kongo; Kalahari-Exkursion zu den letzten Buschmännern. Doch sein Weg zum Berufs-Abenteurer führte nur indirekt über ferne Länder: 1980 gründete Wolfgang Uhl sein Ausrüstungs-Depot, heute *Wilderness Outdoor Equipment*, ein Spezialgeschäft für Globetrotter. Er ließ sich nebenher zum Journalisten ausbilden und veröffentlichte im Alter von 25 Jahren sein erstes Buch. Zehn weitere Bücher zu den unterschiedlichsten Themen sind seitdem erschienen. Seit 1994 ist Wolfgang Uhl wissenschaftlicher Berater und Expeditionsleiter beim Hessen Fernsehen für die ARD-Sendereihe der dritten Programme *Länder – Menschen – Abenteuer*. Seine Hauptaufgabe sieht er darin, in Zusammenarbeit mit Medien und Verbänden auf die existenzbedrohende Situation der letzten Naturvölker dieser Erde aufmerksam zu machen.

TILMANN WALDTHALER

Seine längste Weltreise dauerte vier Jahre. Danach hatte der Extrem-Radfahrer Tilmann Waldthaler derart den Anschluß an den Alltag in Mitteleuropa verloren, daß er in der eigenen Heimat wochenlang orientierungslos war. Insgesamt hat der 1942 geborene Südtiroler auf dem Fahrrad 356.000 Kilometer in 108 verschiedenen Ländern zurückgelegt. Seine Frau lernte er mitten in der Sahara kennen, auch sie war dort auf zwei Rädern unterwegs. Ob auf Reisen oder zu Hause, Tilmann Waldthaler zeigt, daß es nichts gibt, was gegensätzlich genug wäre, von ihm nicht vereint zu werden. Australien durchquerte er bei seiner *Camel-Bike-Tour* abwechselnd per Fahrrad und Kamel. Von seinem entlegenen Südtiroler Bergbauernhof aus zieht er via Internet Vortrags-Aufträge an Land. Und auch die Produkte seiner Sponsoren-Verträge könnten unterschiedlicher nicht sein: Um seine Fahrrad-Touren finanzieren zu können, wirbt Tilmann Waldthaler für Bio-Äpfel wie auch für Luxus-Armbanduhren.

SIGRID WOLF-FEIX

Eigentlich ist sie eher eine Künstlerin. Seit ihrer Jugend malt die 1959 geborene Hoferin Porträts und Landschaften in Kohle, Tusche, Aquarell oder Kreide. Erfolgreich ist sie mit Computer-Verfremdungen, Fraktalen, Phantasiebildern. Seit 1980 ist Sigrid Wolf-Feix aber auch Weltreisende, seit 1988 fotografiert sie für Diaschauen. Wenn sie nicht gerade die Osterinseln, Grönland oder die Gebirgszüge der Anden nach Motiven durchstöbert, tingelt sie damit Abend für Abend durch die Vortragssäle ihrer Region. Und erlebt dabei, wie schwer es eine Frau hat, sich hauptberuflich in diesem Geschäft durchzusetzen.

1. KAPITEL

ABENTEUER – WAS IST DAS?

GEFÄHRLICHE ERLEBNISSE

Entführt

Am Morgen des 17. Januar 1997 stiegen Silke Hofmann und Thomas Kropff in ein Kanu, um nach mehreren Tagen im Urwaldgebiet El Darién zurück in die Zivilisation zu fahren. Kolumbien war nur eines von vielen Ländern, die sie bei ihrer Reise von Los Angeles nach Buenos Aires durchquerten. Was sie nicht wußten: Im kolumbianischen Teil El Dariéns lag die Gefahr, entführt zu werden, zum Zeitpunkt ihres Aufenthaltes bei 100 Prozent.

Jedes Jahr wagen sich gerade mal ein halbes Dutzend Ausländer durch den El Darién. Eben weil es kaum Erfahrungen über die Durchquerung dieses Dschungelgebietes gibt, bereiteten Thomas Kropff und Silke Hofmann ihre Reise besonders gründlich vor. Fast zwei Wochen lang recherchierten sie in Panama-City beim Kartographischen Institut, in Bibliotheken und bei Gesprächen mit Einheimischen. Bei der Deutschen Botschaft holten sie Informationen über die politische Lage ein – und fatalerweise bekamen sie zu hören, eine Durchquerung des El Darién sei zu diesem Zeitpunkt nicht sonderlich gefährlich. Daraufhin schickten Silke Hofmann und Thomas Kropff einen Teil ihrer Ausrüstung postlagernd nach Kolumbien und bereiteten ihre Expedition vor.

Zunächst erweist sich die Reise durch den El Darién mehr als strapaziös denn als gefährlich. 40 Kilometer weit waten die beiden Deutschen durch tiefen Schlamm. Zuweilen ist das Weiterkommen nur auf dem Wasser möglich, einmal schieben Thomas Kropff und Silke Hofmann mit Hilfe zweier Soldaten der panamaischen Armee einen Einbaum sieben Stunden lang flußaufwärts gegen die Strömung. Auf ihrem Weg kommen sie durch mehrere Indiodörfer, eines davon ist noch nie zuvor von Europäern besucht worden.

Thomas Kropff und Silke Hofmann sind am 17. Januar 1997 dabei, den El Darién wieder zu verlassen, als ihre Kanufahrt von einem Trupp Guerilleros gestoppt wird. Zunächst erfinden die Uniformierten noch eine Reihe fadenscheiniger Gründe dafür, warum sie Silke Hofmann und Thomas Kropff nicht weiterfahren lassen. Erst nach zwei Tagen geben sie sich als Anhänger der »Forca Armada Revolutionare de Colombia« zu erkennen, der »Revolutionären Streitkräfte Kolumbiens«, die sich im Kampf gegen die kolumbianische Regierung im El Darién verschanzt haben, um diesen unzugänglichen Teil des Landes zu kontrollieren. Durch die Entführung des deutschen Pärchens wollen sie angeblich die internationale Presse auf ihren Kampf aufmerksam machen.

Silke Hofmann und Thomas Kropff müssen einen Einbaum besteigen, werden über verschlungene Urwaldflüsse in ein abgelegenes Dorf verfrachtet und dort in der leerstehenden Schule untergebracht. Sie sind gefangen, aber nicht eingesperrt: Zwar wimmelt das Dorf von Uniformierten mit Maschinengewehren, aber die beiden Deutschen dürfen sich frei bewegen und werden freundlich behandelt. Jeden Abend spielt Thomas Kropff mit seinen Entführern Fußball, danach findet in der Hütte des Pastors ein kleiner Gottesdienst statt. Als Silke Hofmann eines Nachts hohes Fieber bekommt, helfen die Guerilleros bei der Behandlung so gut sie nur können.

Der scheinbar unbeschwerte Dorfalltag, die vermeintliche Anteilnahme der Uniformierten kann jedoch nicht über die tatsächliche Lage hinwegtäuschen: Silke Hofmann und Thomas Kropff sind Gefangene. Auch ohne ständige Bewachung sitzen sie fest, denn das Dorf liegt mitten im Urwald, es gibt keine Wege, und sie haben keine Ahnung, in welcher Richtung und in welcher Entfernung die nächste Ansiedlung liegt. Aus Gesprächsfetzen kann sich Thomas Kropff zusammenreimen, daß er auf die scheinbare Kameradschaft der Entführer im Ernstfall nicht zählen könnte: Die Guerilleros würden das abendliche Fußballspiel sofort abbrechen, um ihre Opfer zu erschießen, wenn der Befehl dazu käme.

Die wochenlange Ungewißheit zermürbt. Mehrmals verliert Silke Hofmann die Nerven und beschimpft ihre Entführer. Konsequenzen haben weder solche Wutausbrüche noch der Versuch, den Guerilleros besonders entgegenzukommen oder gar sich auf ihre Seite zu schlagen. Gerade diese Gleichgültigkeit setzt den beiden Deutschen zu: Es wäre ihnen lieber, härter angepackt zu werden, aber dafür die Wahrheit über ihre Situation zu erfahren.

Erst am 9. Februar werden Silke Hofmann und Thomas Kropff unvermittelt aus dem Dorf geschafft. Ein Guerillaführer erklärt die beiden für frei und fordert sie auf, in der Deutschen Botschaft die Entführung in allen Einzelheiten zu schildern. Noch glauben Silke Hofmann und Thomas Kropff nicht daran, daß man es ernst meint. Drei Tage später aber stehen sie in der Stadt Turbo und erleben eine Überraschung: Als sie bei der Deutschen Botschaft anrufen, weiß dort niemand etwas von ihrer Entführung. Erst jetzt wird ihnen klar, wie ausgeliefert sie den Guerilleros waren. Hätten die sie nicht von sich aus freigelassen, es hätte ihnen niemand geholfen.

Unter dem Titel *Zwischen Leben und Tod – in den Händen der Guerilla* schildert Thomas Kropff im Manuskript zu seiner Dia-Reportage über die Südamerika-Reise ausführlich seine Eindrücke und Empfindungen während der Entführung. Die Schilderung beginnt mit dem Satz: »Jetzt ist jegliches Abenteuer zu Ende, denn an dieser Stelle geht es nur noch darum, zu überleben.«

Mit der Entführung soll das Abenteuer zu Ende gewesen sein? Sind nicht Gefahr, Ungewißheit, Spannung, Nervenkitzel gerade die Grundbestandteile eines Abenteuers?

Thomas Kropff hat die Entführung erlebt als »spezielle, sehr lang dauernde Gefahrensituation, in der Gut und Böse nicht klar getrennt waren«. Die Guerilleros als Feinde zu betrachteten, fiel Thomas Kropff und Silke Hofmann schwer, denn nie sind die Uniformierten ihnen gegenüber gewalttätig oder auch nur grob geworden. Natürlich empfanden sie manchen Entführern gegenüber Abneigung, aber es gab auch Bewacher, die mit ihren Opfern herumscherzten wie mit alten Freunden. Einem jungen Kerl gegenüber baute Thomas Kropff ein tiefes Vertrauensverhältnis auf. Das ging so weit, daß die beiden sich zum Abschied die Hand reichten wie Freunde und sich gegenseitig wünschten, es möge ihnen nichts passieren.

Gerade dieser junge Guerillero wurde später bei einer Offensive der kolumbianischen Armee erschossen. Ums Leben kamen dabei auch ein Österreicher und ein Deutscher.

In einer Fernsehreportage sehen Silke Hofmann und Thomas Kropff, wie die Särge der beiden in ein Flugzeug geladen werden. Erst jetzt erfahren sie den wahren Grund für das plötzliche Ende ihrer eigenen Entführung. Am 7. Februar, zwei Tage vor ihrer Freilassung, verschleppen Guerilleros zwei Österreicher und zwei Deutsche, die, wie Silke Hofmann und Thomas Kropff, auf dem Weg durch den El Darién waren. Die Entführer beschließen, daß sie ihre Forderungen mit vier Geiseln ebenso durchsetzen können wie mit sechs, und lassen Silke Hofmann und Thomas Kropff frei. Die vier neuen Opfer – Alex, Marian, Freddy und Hans – werden von Anfang an härter angepackt, sie werden gefesselt und müssen mit den Guerilleros ständig herumziehen. Thomas Kropff hat ihr Schicksal aus Zeitungsberichten zusammengetragen, um es in seinem Manuskript dem Kapitel über die eigene Entführung folgen zu lassen:

»An Freddys Geburtstag durften er und Marian im Fluß baden. In dem Moment begann gerade eine Offensive der kolumbianischen Armee, und die beiden Bewacher liefen zurück ins Camp, um es mit ihnen zu verteidigen. Freddy und Marian wurden dadurch von der den Fluß heraufkommenden Spezialeinheit befreit. Alex und Freddys Bruder Hans wurden von den Guerilleros noch vor dem Eintreffen der Armee regelrecht hingerichtet.«

Knapp am Tod vorbei

Kaum etwas an der Mentalität des Abenteurers ist für den Außenstehenden schwerer zu durchschauen als seine Einstellung zur Gefahr. Keiner der ernstzunehmenden Abenteurer sucht sie, jeder arbeitet vor einer Reise daran, Risiken zu minimieren; und doch scheint das Restrisiko, jene gewisse Wahrscheinlichkeit von Gefahr, die man mit noch so viel Umsicht nicht ausschließen kann, gerade den Reiz eines Abenteuers auszumachen. »Es war ein prickelndes Gefühl, das Geheimnis des Todes zu streifen, einen verstohlenen Blick über die verbotene Grenze zu werfen« , schreibt Jon Krakauer in seinem Bestseller *In eisige Höhen*. »Bergsteigen war eine phantastische Betätigung, und zwar, wie ich fest glaubte, nicht trotz, sondern vor allem wegen der damit einhergehenden Gefahren.«

Kaum ein Abenteurer, der nicht davon überzeugt ist, seine Reisen seien dank gründlicher Vorplanung nicht besonders gefährlich. Und doch hatte fast jeder schon mal eines oder mehrere Erlebnisse, bei denen er knapp am Tod vorbeischrammte.

Denn auch scheinbar harmlose Situationen können plötzlich und ohne Vorzeichen umkippen. Heinz Kallin nahm bei einer seiner Reisen ein Bad im Indischen Ozean, schwamm nur ein paar Meter vom Strand weg – da wurde er von einer Unterströmung gepackt und abgetrieben. Die Gefahr trat so unerwartet ein, daß er es zunächst nicht fassen konnte und nur einen Gedanken hatte: »Warum muß das ausgerechnet jetzt passieren, die Sonne scheint doch gerade so schön...« Trotz des tobenden Wassers um ihn herum sei es in seinem Kopf mit einem mal absolut still geworden, Todesangst habe ihn gelähmt. Heinz Kallin hörte auf, gegen die Strömung anzukämpfen. Und tat damit genau das Richtige. Als der Sog sich abschwächte, hatte er seine Kräfte nicht sinnlos verbraucht, er konnte ans Ufer zurückschwimmen.

Selbst wenn Gefahren sich ankündigen, macht sie das nicht unbedingt berechenbarer. Sofort zu weichen, kostet einen auf Erfolg programmierten Abenteurer enorme Überwindung. Und so geht man der Gefahr halt noch ein Stückchen entgegen und noch ein Stückchen, man hat sie ja vor Augen und kann sofort reagieren, wenn es wirklich ernst werden sollte. Aber wann ist der letzte Umkehrpunkt überschritten? Erfahrene Bergsteiger plädieren entschieden dafür, schon mit dem Bewußtsein aufzubrechen, das Ziel nicht unbedingt erreichen zu müssen. Schon bei leichten Erfrierungen sei man zu weit gegangen oder schlecht ausgerüstet gewesen. Manchen Bergsteigern sei der Gipfelsieg wichtiger als es ihre Zehen sind, aber um kleine Verletzungen zu pokern, sei ein tödlicher Selbstbetrug: Wer Erfrierungen hinzunehmen bereit sei, riskiere nicht nur einzelne Zehen, sondern bereits sein Leben. So gilt es beim Bergsteigen also, die fragile Balance zu finden in dem Widerspruch zwischen der nötigen Entschlossenheit, für den Gipfelsieg alles aus sich herauszuholen – und der Bereitschaft, bei Gefahr sofort abzubrechen und auf den Erfolg zu verzichten, auf den man monatelang hingearbeitet und für den man viel Geld eingesetzt hat.

Was aber, wenn man die Gefahr schleichend herankommen sieht, aber gar nicht umkehren kann, auch wenn man wollte? Oder wenn man bereits so weit gegangen ist, daß es aufs selbe rauskommt, ob man umkehrt oder weitergeht? Bei seinem Versuch, als erster Mensch die Wüste Gobi allein zu Fuß zu durchqueren, hatte Bruno Baumann die enorme Dynamik des Austrocknens unterschätzt. Zwar hatte er bei Kamel-Karawanen reichlich Wüsten-Erfahrung gesammelt; doch konnte er bei seinem Solo-Versuch dennoch nur schwer vorhersehen, wie es sich auswirken würde, sich nicht nur beim bloßen Gehen in großer Hitze zu verausgaben, sondern dabei auch noch sein Gepäck – anfangs 28 Kilogramm – selbst tragen zu müssen. Schon am zweiten Tag mußte er Ballast abwerfen, Zelt und Kamera zunächst, dann auch Proviant. Das Wasser ging zu Ende. Seine Schritte wurden langsamer, das Denken wurde träger. Er verirrte sich. Als Bruno Baumann am fünften Tag endlich eine Wasserstelle fand, hätte er sich allein nicht mal mehr retten können. Für drei Tage verlor er das Bewußtsein, einem Bauern, der ihm in dieser Zeit Wasser einflößte, verdankt er sein Leben.

Hans Memminger stürzte beim Klettern in Sibirien 150 Meter tief ab und erlebte dabei den Tod, hatte beim Fallen die Gewißheit: Jetzt wirst du gleich neben dir stehen! Doch er überlebte schwer verletzt, mit zertrümmerter Schulter. Die Ärzte prophezeiten dem leidenschaftlichen Kajakfahrer, er werde nie wieder paddeln können. Das war drei Jahre bevor er die Nordwestpassage im Kajak durchquerte.

Wer beim Kräftemessen mit der Natur in Gefahr gerät, kann seine Situation oft auf eigene Fehler zurückführen: ein falscher Griff beim Klettern, nicht rechtzeitig umgekehrt beim Bergsteigen oder Wüstenwandern...

Weit weniger berechenbar als Naturgewalten sind menschliche Willkür, menschliche Aggression. Eine grundlegende Regel der Dramaturgie lautet: Der Widerstand eines menschlichen Gegenspielers erzeugt ungleich mehr Spannung als ein lebloses Hindernis. Vielleicht ist Rüdiger Nehberg ja auch deshalb Deutschlands bekanntester Abenteurer – weil die Gefahren seiner Reisen weniger mit Hitze, Sturm oder Unfällen zu tun haben als mit Straßenräubern und Mördern. 20 Überfälle hat er überlebt, manche davon, weil er in der jeweiligen Situation richtig reagiert und bereitwillig sein Geld herausgegeben oder es eben verteidigt hat; manche Bedrohungen überlebte er einfach nur durch Glück. Beim schrecklichsten Überfall seines Lebens am Ufer des Blauen Nils in Äthiopien pfiffen ihm die Kugeln der Angreifer genauso um den Kopf wie seinen Kameraden Michael Teichmann und Andreas Scholtz. Rüdiger Nehberg und Andreas Scholtz blieben unverletzt, Michael Teichmann aber wurde von einem Kopfschuß getötet.

Bei diesem Überfall spielte die Ausrüstung der drei Deutschen als Beute eine Rolle. Bruno Baumann, der Wüsten-Wanderer, hat auch schon völlig grundlose Angriffe über sich ergehen lassen müssen. In der Sahara wurde er aus purer Feindseligkeit von Einheimischen vom Stamm der Tubu attackiert und beschossen, mußte Hals über Kopf fliehen, durchlitt enorme Ängste, gelangte nach einer Wüsten-Odyssee nach Ägypten, wurde dort aber nicht etwa freundlich aufgenommen, sondern sofort verhaftet, weil er kein Visum im Paß hatte, wurde in ein berüchtigtes Foltergefängnis geworfen, erlebte mit, wie andere Gefangene ausgepeitscht wurden und wurde selbst mit Hinrichtung bedroht. In diesen Tagen, in denen er hilflos fremder Aggression ausgeliefert war, habe er die tiefste Dunkelheit menschlicher Erfahrung kennengelernt. Weil es ohnehin sinnlos gewesen wäre, sich aufzulehnen, habe er seine Fähigkeit genutzt, sich in sich selbst zurückzuziehen, und so seine Einkerkerung durchgestanden. Bruno Baumann hatte das Glück, daß ihm vor seiner Inhaftierung ein Telefonanruf gewährt wurde. So erfuhr die Deutsche Botschaft von seinem Schicksal, übte Druck aus, und statt vor ein Militärgericht gestellt zu werden, kam er schließlich frei.

Von allen Überfällen, die Rüdiger Nehberg durchgemacht hat, ist ihm der am Blauen Nil als der gefährlichste in Erinnerung, und zwar aus zwei objektiven Gründen: Die Angreifer drohten nicht nur, sie schossen gezielt auf ihre Opfer, Michael Teichmann verlor dabei sein Leben. Der Überfall war außerdem nicht mit einem kurzen Angriff ausgestanden, sondern mündete in eine tagelange Verfolgungsjagd der Mörder auf die beiden Zeugen Rüdiger Nehberg und Andreas Scholtz.

In einen der anderen 19 Überfälle aus Rüdiger Nehbergs schauriger Sammlung war sein alter Freund Klaus Denart verwickelt. Gemeinsam mit einem dritten Reisegefährten, dem Berliner Horst Walther, durchquerten sie die Danakil-Wüste in Äthiopien, die meiste Zeit mit einem einheimischen Führer aus dem Volk der Afar, denn wer als Ausländer allein in der Danakil-Wüste unterwegs ist, gilt aus vogelfrei. Die Besteigung eines aktiven Vulkans aber machte der Führer aus abergläubischer Furcht nicht mit. Denart, Nehberg und Walther marschierten allein los – und trafen prompt auf vier bewaffnete Wegelagerer, die ihr Gepäck durchsuchen wollten. Die drei Deutschen weigerten sich zunächst, marschierten weiter. Da schnitten die Räuber ihnen den Weg ab, erzwangen die Durchsuchung mit Waffengewalt, forderten Medikamente, Geld, Uhren. Doch so aggressiv die Stimmung war, der Überfall glich ein wenig auch einem Handel. Bereitwillig gaben die Räuber die Ausweispapiere zurück, als die drei Deutschen darum baten, und verzichteten sogar auf die Uhren. Das Verrückteste aber: Zum Abschied schüttelten sie ihren Opfern die Hand!

Die fünf Monate in der Danakil-Wüste bezeichnet Klaus Denart als das größte Abenteuer seines Lebens. Für diesen Eindruck war der Überfall nicht ausschlaggebend, aber doch ein wichtiger Bestandteil. Allerdings war es weniger der Aspekt objektiver Bedrohung, der für ihn den Reiz des Abenteuers ausmachte, als das Wechselbad der Gefühle. Den unvermittelten Übergang von Angst in Erleichterung erlebte Klaus Denart in der Wüste Danakil täglich. Ein gewisser Nervenkitzel war es schon, abends in Wüsten-Lagern der Einheimischen anzufragen, ob man sich dazugesellen dürfe. Einmal kam der Führer der drei Deutschen von einer solchen Anfrage zerknirscht zurück: Man sei nicht willkommen. Wem aber in der Danakil-Wüste die Gastfreundschaft verweigert wird, der ist von dem Moment an Freiwild.

Während die Deutschen nun einigermaßen entsetzt diskutieren, wie man am besten reagieren sollte, kommt der Afar-Häuptling, der den Führer abgewiesen hat, aus seinem Lager, um sich die Leute, denen er die Übernachtung verwehrt hatte, doch einmal aus der Nähe anzuschauen. Als sich Denart, Nehberg und Walther als Ärzte vorstellen, schlägt die Stimmung um. Im Lager des Häuptlings leidet eine Frau unter schweren Verbrennungen. Mit Schmerztabletten und Salbe verschaffen die selbsterklärten Ärzte ihr Linderung, und damit gelten die Vogelfreien als Freunde. Sie dürfen nicht nur im Lager übernachten, es wird sogar ein Hammel zu ihren Ehren geschlachtet.

Menschen begegnen sich, fürchten sich voreinander, belauern sich mißtrauisch, tasten sich ab, nähern sich an, der eine tut dem anderen einen kleinen Gefallen – und dafür öffnet dieser andere schließlich die Schatztruhe seiner Gastfreundschaft. Dieses Ur-Erlebnis menschlicher Annäherung macht Klaus Denart jenen Abend in der Wüste Danakil so unvergeßlich. Es ist nachvollziehbar, daß die Rührung über die neu gewonnene Freundschaft in einem solchen Fall umso tiefer empfunden wird, je ungewisser anfangs war, welche Folgen die Begegnung haben würde. Hoher Grad an Ablehnung: große Spannung; plötzlicher Freundschaftsbeweis: massive Erleichterung.

Indes: Muß ein großes Maß an Ablehnung, vielleicht sogar Aggression des einen, auch zwangsläufig eine Gefahr für den anderen bedeuten? Vielleicht hätte der Afar-Häuptling nie daran gedacht, die drei Deutschen anzugreifen, auch wenn sie ihm nicht nützlich gewesen wären – vielleicht war Angst also völlig unberechtigt? Situationen wie diese, sagt Klaus Denart, hätten ihn gelehrt, daß der Eindruck »gefährlich« grundsätzlich subjektiv sei. Auf je weniger Erfahrung man in einer bestimmten Situation zurückgreifen könne, desto weniger könne man auch einschätzen, ob man wirklich bedroht sei. Veranstaltern gebuchter Abenteuer-Touren sei es daher möglich, mit kleinen konstruierten Mißgeschicken großen Eindruck zu machen: Ahnungslose Touristen empfinden echte Angst, obwohl ihnen die Bedrohung nur vorgegaukelt wird. Natürlich fehlt Abenteurern wie Klaus Denart oder Rüdiger Nehberg bei ihren Touren jener doppelte Boden, den Outdoor-Veranstalter ihren Touristen konstruieren; doch auch sie können nie sicher sein, ob ihr Grad an innerer Alarmierung dem äußeren Anlaß angemessen ist.

Wie völlig unterschiedlich einzelne Beteiligte ein und dieselbe Gegebenheit beurteilen können, das hat auch Andreas Pröve bei einer seiner Reisen erlebt. Als Rollstuhlfahrer war es ihm unmöglich, aus eigener Kraft die schmalen Pfade zu überwinden, die zur Quelle des Ganges führen. Also legte er die Bergtour auf dem Rücken eines Sherpas zurück. Während es für diesen Sherpa keine große Sache war, mit einem anderen Menschen huckepack über 20 Zentimeter breite Simse zu balancieren, stand Andreas Pröve Todesängste aus, wenn er in den Abgrund blickte, und er war überzeugt: »Diesmal bin ich zu weit gegangen, das mache ich nicht noch mal!« Rückblickend allerdings hat er seine Zweifel, ob der Ritt zu den Quellen des Ganges nicht vielleicht sogar weniger gefährlich war als seine Rollstuhl-Touren im Trubel der Metropole Delhi. »Gefährlich« und »abenteuerlich« sind eben keine Synonyme. Welches Maß an subjektiver oder objektiver Gefahr für ihn ein Abenteuer ausmacht, das kann jeder nur für sich selbst entscheiden. Abenteuer finden im Kopf statt – diesen Satz hört man immer wieder, wenn man versucht, den Kern des Abenteuers freizulegen.

So sollte einer, der ein Abenteuer erleben will, nicht unbedingt durchdrungen sein von der tiefen Überzeugung, ihm könne grundsätzlich nichts passieren. Fragt man den früheren Kickbox-Weltmeister Alois Hofmann nach seinem gefährlichsten Reise-Erlebnis, fällt ihm dazu nichts ein. Vielleicht war es in jener Nacht, als er bei politischen Unruhen in der Ost-Türkei in ein militärisches Sperrgebiet geriet und von bewaffneten Soldaten umstellt wurde? Nein, die Soldaten erwiesen sich als »total nett« und spendierten ihm sogar Tee. Vielleicht hätte es ja gefährlich werden können, als er den Gazastreifen auf dem Motorrad durchquerte? Aber auch da sei er überall sehr freundlich aufgenommen worden. Und dann war da noch jene Tour durch Kambodscha, bei der ihm jeder abriet, ins Rebellengebiet vorzustoßen. Und tatsächlich habe er auch an allen Brücken vermummte Gestalten mit Panzerfaust getroffen, Banditen, Rote Khmer, keine Brücke, die nicht vermint gewesen wäre. Aber nein, eigentlich ging es auch da recht locker zu, das Erlebnis sei das Risiko auf jeden Fall wert gewesen.

Die Frage, ob Alois Hofmann bei diesen Reisen überhaupt je in Gefahr war, läßt sich schwer beantworten. Vielleicht hatten die Menschen, die ihm begegneten, nie vorgehabt, ihm etwas zu tun, vielleicht witterten sie aber auch die unerschütterliche Gelassenheit des erfahrenen Kampfsportlers und verwarfen daher die Idee, ihn als Opfer in Betracht zu ziehen. Einem Reisenden, der als leichte Beute eingeschätzt worden wäre, hätte es ganz anders ergehen können. Diese Erfahrung hat Alois Hofmann durchaus schon gemacht: In Situationen, in denen Gewalt in der Luft liegt, könne ein strenger Blick genügen, um Handgreiflichkeiten zu unterbinden. Wehe dem aber, dem ein strenger Blick nicht gelingt, weil ihm längst das Herz in die Hose gerutscht ist...

Kann man eine potentielle Bedrohung also überhaupt als Gefahr bezeichnen – oder ist ein solches Urteil erst im nachhinein möglich, dann, wenn ein Schaden eingetreten ist? Gefahr oder nicht, das hängt eben nicht nur, wie im Falle Alois Hofmann, von der Person ab, sondern auch von allgemeinen Umständen, sogar von der Tageszeit. Thomas Mack zum Beispiel konnte es sich bei einer seiner Reisen durch Südafrika nicht verkneifen, im Krüger Nationalpark entgegen aller Vorschriften das Auto zu verlassen. Die Löwen seien zu diesem Zeitpunkt »sanft wie Miezies« gewesen, eine Gefahr habe nicht bestanden. Nur wenige Stunden später aber wurde ein anderer Tourist im gleichen Gebiet von den Löwen zerfetzt.

Waren nun beide in der gleichen Gefahr, und der eine hatte nur Pech? Es ist wohl auch ein bißchen wie beim russischen Roulette:

Keiner, der abdrückt beziehungsweise aussteigt, kann wissen, in welchem Teil des Magazins die Kugel steckt, ob der Löwe gerade munter ist und Hunger hat; wüßte er es, wäre das Abdrücken, das Aussteigen kein Abenteuer mehr.

Abenteuer oder nicht, diese Frage entscheidet sich für Thomas Mack am berühmten roten Knopf, auf den man auf keinen Fall drücken soll: Wer es bleiben läßt, dem winkt kein Abenteuer; der Abenteurer drückt daher auf jeden Fall.

Auch wenn er sich selbst nicht als richtigen Abenteurer sieht, bei seinen Reisen verspürt Thomas Mack sehr wohl hin und wieder die Neigung, die Gefahr »ein bißchen« herauszufordern. Ist es schon ein Abenteuer, durch die Slums von Manila zu spazieren? Vielleicht sind die Leute dort ja »lieb« oder er ist ihnen einfach egal... In Zusammenhang mit Menschen kennt Thomas Mack keine Scheu, denn er ist überzeugt davon, daß man das Risiko durch richtiges Verhalten praktisch ausschließen kann. Obwohl zum Beispiel die Wahrscheinlichkeit, in Rio de Janeiro von Kindergangs ausgeraubt zu werden, so hoch sei, daß Taxis während der Fahrt verriegelt werden, sei er selbst während seines drei Wochen langen Aufenthaltes nicht mal als Fußgänger behelligt worden. Sicher sei das auch Glück gewesen, aber zum Großteil wohl Umsicht, denn: »Wer in einer solchen Stadt mit Designer-Klamotten und Goldringen herumläuft, der ist einfach fällig.« Wer sich dagegen unauffällig kleide und immer ein paar Dollar in der Tasche habe, um mögliche Straßenräuber zufriedenstellen zu können, der gehe praktisch kein Risiko ein.

Das heißt aber nicht, Thomas Mack würde unberechenbare Risiken meiden. Als er auf den Philippinen von einem Vulkan hörte, der schon kochte und kurz vor dem Hochgehen war, hatte er plötzlich das komische Gefühl: Ich muß da rauf! Nicht, um dabei wirklich in Gefahr zu geraten – einfach nur um zu sehen, was passiert. Das klingt, als hätte ein Abenteurer ein wenig von einem quengelnden Kind, das genau weiß: Irgendwann wird es der Mutter zuviel, und sie wehrt sich mit einer Ohrfeige. Natürlich ist das Kind nicht aus auf die Schmerzen, so wenig wie der Abenteurer auf die Gefahr; es geht vielmehr darum, die persönlichen Grenzen auszuloten. Als Thomas Mack in der Nähe des Vulkans plötzlich von einem tiefen

Wummern aufgeschreckt wurde, da schlug sein Übermut um. Zum Glück war es nur ein Lkw, der die Erde für Sekunden hatte erzittern lassen. Für Thomas Mack war der kleine Schreck aber verbunden mit einer wichtigen Erkenntnis: »Die Überzeugung, mir werde schon nichts passieren, ist ein gefährlicher Trugschluß.«

Denn natürlich kann aus potentieller Bedrohung jederzeit echte Gefahr werden, auch wenn man sie nicht nur nicht gesucht, sondern ihr auch in jeder Weise vorgebeugt hat. Wer durchs Eismeer paddelt, der mag sich durch angemessene Ausrüstung und körperliches Training einigermaßen absichern können, durch Studium der Wetterkunde, vielleicht durch ein Gewehr als letztes Mittel gegen Eisbären. Daß bei ihrer Kajak-Tour von Grönland nach Kanada die Boote unter einen Eisberg geraten könnten, während sie diesen Eisberg bestiegen, um nach einer besseren Fahrrinne Ausschau zu halten, damit hätten Hans Memminger und seine Begleiter indessen nicht gerechnet. Mit den Booten, dem Proviant, den Zelten und warmer, trockener Kleidung war auch der Notsender unter Wasser verschwunden. Da standen die Kajakfahrer nun mitten in der Arktis auf ihrem Eisberg, völlig unversehrt zwar und scheinbar ungefährdet – und waren in diesem Augenblick doch so gut wie tot. Denn wäre es ihnen nicht gelungen, die Scholle, die an ihrem Eisberg angedriftet war und die Boote dabei unter Wasser geschoben hatte, in einem gemeinsamen Kraftakt wegzudrücken und die Kajaks wieder freizubekommen, der traumhaft schöne Sonnentag hätte ihr letzter gewesen sein können.

Hans Memminger erlebte damit das Gegenteil einer Gefahr, die nur im Kopf stattfindet: An der Bedrohung, in die er und sein Team geraten waren, gab es für den Verstand keinen Zweifel. Das Gefühl von Todesangst aber blieb aus, denn man stand ja gesund und munter auf dem Trockenen. Da es sich außerdem später als möglich erwies, die Boote zu bergen – wo war die Gefahr?

Weil es so schwer ist, eine Bedrohung objektiv einzuschätzen, weigern sich manche Abenteurer grundsätzlich, den Teilaspekt Gefahr aus dem Gesamtzusammenhang ihrer Erlebnisse herauszugreifen und gesondert zu erörtern. Arved Fuchs zum Beispiel hält es für irreleitend, ein gefährliches Expeditions-Erlebnis besonders hervorzuheben. Mag der Nervenkitzel auch ein wichtiger Antrieb sein, die Qualität eines Abenteuers liegt für ihn nicht in der Gefahr, sondern in den Inhalten. Kein Abenteurer gehe auf Reisen, um sich Gefahren auszusetzen, Abenteuer sei gerade das Gegenteil. Außerdem: Er wisse selbst nicht, wann er wirklich in der größten Gefahr seines Lebens schwebte – das müsse gar nicht in der Arktis gewesen sein, das könne auch mit dem Motorrad auf der Autobahn, auf dem dünnen Eis eines heimatlichen Teiches oder im Kajak auf der Nordsee gewesen sein.

Ebensowenig wie Arved Fuchs schätzt Michael Martin Fragen nach gefährlichen Erlebnissen. Der Grund: Eine Expedition sei viel zu komplex, als daß man sie auf die Gefahrensituationen reduzieren könne.

Gewiß mag es falsch sein, ein Abenteuer auf die wenigen Momente des Adrenalin-Ausstoßes zu verkürzen, aber als unerwünscht unterschlagen kann der Abenteurer diese Momente ebensowenig. Denn obwohl er die Gefahr natürlich nicht sucht, er muß doch immer damit rechnen, daß sie auftritt, muß ihr daher die angemessene Rolle einräumen und stets gewappnet sein. Gefahrensituationen erfüllen außerdem eine wichtige Funktion: Der Abenteurer wächst an ihnen.

Hetzjagd auf Amerikaner

Als Tilmann Waldthaler zu seiner ersten großen Fahrrad-Tour aufbrach, warf er seinen Foto-Apparat und seine Armbanduhr ins Wasser, denn er wollte bei dieser Reise ziel- und zeitlos sein. Für die Monate oder gar Jahre, die er in seiner Anfangszeit als Extremradler unterwegs war, interessierte er sich nur für das Erlebnis des Augenblicks – allgemeines Zeitgeschehen oder die Politik des jeweiligen Landes seien ihm »total wurscht« gewesen. So ahnte er, als er im Iran unterwegs war, nichts davon, daß ein Konflikt mit dem Irak heraufzog und schließlich außer Kontrolle geriet, daß Europäer und Amerikaner in Scharen das Land verließen. Die Kriegsnachricht ereilte ihn sehr drastisch: Ein Trupp Iraner, der Jagd auf die letzten im Land ver-

bliebenen Amerikaner machte, verstellte ihm den Weg, die Männer richteten Pistolen auf seinen Kopf und wollten ihn auf offener Straße hinrichten. Tilmann Waldthaler fischte seinen Paß heraus, konnte sich damit als italienischer Staatsbürger ausweisen – und wurde verschont. Zunächst zog sich Tilmann Waldthaler in den Schmollwinkel zurück: Was müssen das für verrückte Leute sein, die einen anderen Menschen nur aufgrund seiner Nationalität erschießen wollen? Dann aber begriff er, daß man sich in Ländern wie dem Iran nicht auf den Standpunkt versteifen kann, Hinrichtungen auf offener Straße seien unmenschlich, und es dürfe sie daher nicht geben. Es wurde ihm also klar, daß es seine eigene Sorglosigkeit war, die ihn in Gefahr gebracht hatte. Den Iranern mußte ein Ausländer, der mitten im Krieg auf dem Fahrrad herumgondelte, einfach verdächtig sein. Seit diesem Erlebnis verschafft sich Tilmann Waldthaler Grundkenntnisse in der Sprache des Landes, in dem er gerade unterwegs ist, damit es ihm möglich ist, dort die Nachrichten verfolgen zu können. Um möglichst umfassend informiert zu sein, hat sich der Mann, dem anfangs eine Armbanduhr schon zuviel Technik war, sogar einen kleinen Weltempfänger angeschafft. Seine Reisen begreift er nicht mehr länger nur unter dem Aspekt des reinen Unterwegsseins, sondern sieht sie als Lehrzeit. Daß er so viele Jahre lang in so vielen unterschiedlichen Ländern überlebt hat, zeige ihm, daß er seine Sache gut gemacht habe.

Gefahr als Lehrmeister

Der französische Extremkletterer Jean-Christoph Lafaille geriet bei einer seiner Touren in einen Steinschlag, zog sich dabei einen offenen Armbruch zu und kam nur haarscharf mit dem Leben davon. Als er seinen zersplitterten Oberarmknochen aus dem blutigen Fleisch spießen sah, schwor er sich, nie wieder zu klettern. Genau ein Jahr nach dem Unfall stieg er an der Stelle der Route, an der ihn der Steinschlag fast zerschmettert hätte, wieder in den Fels ein, vollendete die Tour und kehrte damit in sein altes Leben zurück.

Ob man sich nun zum Abenteurer bestimmt sieht und willentlich oder ob man einfach durch Gewohnheit an dieser Lebensweise festhält – es ist wie bei jedem anderen menschlichen Tun: Man kann schwer sagen, warum man gerade das macht, was man macht, und warum man es einfach immer weiter tun muß, auch wenn man sich tausendmal schwört, damit aufzuhören.

Vielleicht steckt im Falle mancher Abenteurer dahinter einfach der Drang, es beim nächsten Mal besser zu machen. Immerhin lernt man ja auch oder gerade aus der Erfahrung, dem Tod ganz nahe zu sein. Bruno Baumann rechnet sich für seinen nächsten Versuch, als erster Mensch die Wüste Gobi allein und zu Fuß zu durchqueren, dank seines Wissens über die Dynamik des Austrocknens ungleich bessere Chancen aus. Auch Heinz Kallin ist sich sicher, daß er in eine Situation wie die im Indischen Ozean nie mehr geraten wird. Und das nicht nur, weil er vorsichtiger geworden sei und auf Kleinigkeiten achte, zum Beispiel die Farbe des Meeres; auch seine unbewußten Sinne seien geschärft worden, er höre und sehe und erinnere sich besser – es sei, als wären ihm mit der Todesangst innere Antennen gewachsen.

Mag ein Abenteurer auch nach einer noch so großen Bedrohung seiner Gesundheit oder gar seines Lebens von seiner Leidenschaft nicht lassen können, er geht doch hinterher anders damit um. Wer einmal in lebensbedrohender Gefahr war, der wird einerseits natürlich vorsichtiger, dessen Einstellung zum Leben wird andererseits aber auch lockerer, er geht vieles gelassener an und läßt sich nicht mehr so leicht aus der Ruhe bringen.

Harald Schwindl gibt sich, wie er sagt, bewußt den Freuden des Lebens hin, seit er bei einer Auto-Überführung durch die Wüste dem Tod ins Auge geblickt hat. Aufgrund schlechter Vorbereitung hatten er und seine Begleiter zu wenig Wasser mit sich und vernachlässigten daher die Flüssigkeitszufuhr. Das ging eine Weile gut – dann aber bekam Harald Schwindl von einer Sekunde zur anderen heftige Magenschmerzen, und zugleich kroch von den Fußspitzen her eine Lähmung durch seine Glieder. Hilflos brach er zusammen, und nur weil seine Freunde ihm sofort Wasser einflößten, kam er wieder auf die Beine. Nicht Angst vor neuer Gefahr, so sagt Harald Schwindl heute, sondern eine bejahende Einstellung zum Leben sei das Ergebnis dieser Nah-Todeserfahrung.

Für Thomas Kropff war die Entführung im El Darién sogar die Initialzündung dafür, sein Leben völlig umzukrempeln. Die Zeit danach sei ihm vorgekommen wie ein neues, ein zweites Leben, und daraus habe er ein unwahrscheinliches Selbstbewußtsein gezogen, »eine Riesenpower«. Während seine Freundin Silke Hofmann von der Zeit der Gefangenschaft relativ unberührt blieb und wie geplant ein Augenoptik-Studium in Jena begann, beschloß Thomas Kropff nicht nur, weiter abenteuerliche Reisen zu unternehmen, sondern sein Leben ganz dem Abenteuer zu widmen.

»Was kann mir jetzt noch passieren, nachdem ich das überstanden habe?« Unter dem Eindruck dieser Frage begann er die wesentlichen Fixpunkte seines Lebens neu zu bewerten. Die Aussicht auf eine gesicherte Existenz als Ingenieur hatte ihn am Studium festhalten lassen, obwohl es ihn vor der Südamerika-Expedition schon gereizt hatte, sich in das Wagnis zu stürzen, sein Leben ganz aufs Reisen auszurichten. Jetzt hatte er keine Bedenken mehr, riskierte es einfach und brach das Studium ab. Doch sein neues Ziel schloß nun auch andere Menschen mit ein. Thomas Kropff und seine Freundin waren nach ihrer Befreiung nicht nach Deutschland zurückgeflogen, sie hatten ihre Reise wie geplant fortgesetzt. Unter dem Eindruck der Entführung weiter in Südamerika unterwegs zu sein, war für Thomas Kropff wie eine Offenbarung: Sein Blick öffnete sich für den krassen Unterschied zwischen der Lebensweise hier und in seiner Heimat. In dieser Zeit entwickelte er ein dreistufiges Ziel: Er will sich mit Reisen und Dia-Vorträgen – unabhängig von Geld und Erfolg – selbst verwirklichen; er will es schaffen, von den Vorträgen zu leben; und er will mit einem Teil des Erlöses anderen Menschen helfen. Zurück in Deutschland gründete Thomas Kropff den Verein *Bilder für Menschen*, dessen satzungsgemäßes Ziel es ist, ein Bildungsprojekt zum Aufbau von Schulen und Ausbildungsstätten in den Slums der kolumbianischen Stadt Cali zu unterstützen. Damit soll Jugendlichen die Chance gegeben werden, aus dem Kreislauf von Armut und Gewalt auszubrechen.

Dieses langfristig angelegte Projekt hat nicht nur indirekt mit der Entführung zu tun: als Veränderung der inneren Einstellung infolge schockierender Erlebnisse; Thomas Kropff arbeitet damit, bewußt oder unbewußt, auch dem Phänomen massenhafter Entführungen entgegen. Denn in Kolumbien hätten Heranwachsende kaum Zukunfts-Chancen. Die in den Urwaldgebieten werden entweder Maisbauer oder Guerillero, die in den Slums schließen sich zu Straßengangs zusammen und nehmen, für umgerechnet bereits zehn Mark, Mordaufträge an. Thomas Kropff will mit seinem Verein dazu beitragen, den Straßengangs und den Ursachen der jährlich weit über 1.000 Entführungen in Kolumbien den Nährboden zu entziehen.

Die meisten Gefahrensituationen auf Reisen sind weniger langgezogen als die Entführung von Thomas Kropff und Silke Hofmann, und so sind auch die Reaktionen der meisten anderen Abenteurer weniger langfristig und komplex angelegt. Für Rüdiger Nehberg war die Gefahr bei seinen Überfällen auf wenige Augenblicke verdichtet, und dementsprechend überschlugen sich auch die Folgen von Schock und Angst: Bei einem Überfall ziehe alles rasend schnell vorbei, man habe keine Zeit zum Denken, das Adrenalin fahre bis in die Haarspitzen, der Körper entleere sich unkontrolliert, der Drang nach Flucht sei übermächtig.

Dementsprechend knapp und präzise sind auch Nehbergs vorbeugende Maßnahmen. Nach dem Tod Michael Teichmanns übte er verstärkt Methoden der Notwehr in Situationen wie denen des Überfalls, zum Beispiel Kampfsportgriffe oder blitzartiges Schießen aus der Hüfte.

Auch Stuntman Dietmar Löffler bereitet sich gründlicher auf seine Einsätze vor, seit er bei einem Feuerstunt beinahe ertrunken wäre. In diese paradox anmutende Todesgefahr war er geraten, als er sich gemäß Drehbuch brennend in einen See gestürzt hatte. Die schwere Montur, die ihn unter der lodernden Kleidung vor Verbrennungen schützen sollte, zog ihn wie einen Stein unter Wasser, und die Taucher, die zu seiner Bergung eingesetzt waren, fanden ihn daher erst, als es schon fast zu spät war.

Zweifel an seinem Beruf sind Dietmar Löffler durch dieses Erlebnis nicht gekommen. Voll Überzeugung behauptet er, ein Stuntman lebe überhaupt nicht gefährlich – außer er mache irgendetwas falsch. Er selbst habe sich in seiner bisherigen Laufbahn nur einmal eine Verletzung zugezogen: einen Schlüsselbeinbruch. Eben weil sein Beruf weitgehend ungefährlich sei, müsse er als Stuntman sogar weniger Beiträge in die Kasse der Berufsgenossenschaft zahlen als zum Beispiel ein Leibwächter. Allein die Tatsache, daß er seiner Tätigkeit seit Jahren nachgehe, sei schon ein Beleg dafür, daß sie mit großen Bedrohungen nicht verbunden sein kann, denn: »Ständig in Gefahr zu sein, das würde ich überhaupt nicht aushalten – kein Mensch könnte das psychisch durchstehen.«

In einem Beruf, der zwar Risiken birgt, aber durch seine Ortsgebundenheit wenig mit dem gemein hat, was Abenteurer erleben, hat Dietmar Löffler doch die gleiche Erfahrung gemacht: Die Meinung der Öffentlichkeit weiche stark vom tatsächlichen Alltag ab. In Wahrheit, so das Fazit, seien weder abenteuerliche Reisen noch selbstmörderisch anmutende Berufe mit großen Gefahren verbunden. Vor allem aber bewerteten verschiedene Menschen ein und dieselbe Bedrohung völlig unterschiedlich – und bei jedem stelle sich dabei ein unterschiedlicher Grad von Angst ein. Der ständige Umgang mit Situationen, die gefährlich werden könnten, sofern man ihnen nicht vorbeugt, korrigiere die Beurteilung: Autofahren findet Stuntman Löffler weitaus gefährlicher als einen Feuerstunt. Im Flugzeug grüble er ständig darüber nach, was in der Luft alles passieren könnte. Und als er mit anderen Teilnehmern eines Raftingkurses einmal eine kleine Klippe hinunterspringen sollte, fand er das »saugefährlich« – im Gegensatz zu allen anderen, deren Berufe nicht das mindeste mit Gefahr zu tun gehabt hätten.

Auch Dietmar Löffler kommt also zu dem Schluß: Gefahr ist kein Kriterium für Abenteuer.

Aber was dann?

ANNÄHERUNG AN EINEN UNDEFINIERTEN BEGRIFF

Risiko gehört dazu

In Gefahr geraten will kein Abenteurer, aber jedes Risiko ausschließen genausowenig. Ohne Risiko kein Abenteuer. Wie paßt das zusammen?

Sich auf ein Abenteuer einzulassen, ist ein Spiel, und wie bei jedem Spiel kann man dabei gewinnen und/oder verlieren. Der Gewinn besteht darin, neue Erfahrungen zu machen. Je weiter man dabei von gewohnten Pfaden abweicht und sich auf Neuland vorwagt, desto höher ist die Aussicht, seinen Horizont zu erweitern, ungewöhnliche Menschen kennenzulernen und sein Wissen zu mehren – desto größer ist aber auch die Wahrscheinlichkeit, sich unbekannten Gefahren auszusetzen. Wer seinen Urlaub in der Heimat verlebt, wird wenig Neues kennenlernen, kann sich dafür sicher fühlen; wer durch den Urwald wandert, erlebt mit allen Sinnen eine unbekannte, faszinierende Welt, kann in dieser Welt voll schwer erkennbarer Fallen aber in unerwartete Gefahren stolpern. Indem er in die fremde Welt eintaucht, geht der Abenteurer das Risiko ein, von dieser Welt verschlungen zu werden – ein Risiko, dem er mannigfach vorbeugen, aber das er nie ganz ausschließen kann. Der Abenteurer sucht das Risiko also nicht, er betrachtet es vielmehr als Indikator für die Erlebnisdichte. Geringes Risiko, geringe Bewußtseinserweiterung, geringer Reiz. Also ist man aufs Gegenteil aus. So funktioniert Abenteuer.

Wirklich so einfach?

Für Rüdiger Nehberg durchaus: »Es gehört zur Optimierung einer Art und zur Weiterentwicklung einzelner Menschen, Risiken einzugehen. Wer kein Risiko eingehen will, der wird weder Glück noch Pech haben, und der wird auch nichts mehr dazulernen. Wer aber nichts mehr dazulernen will, der kann eigentlich schon mal langsam ins Grab kriechen.«

Unter denen, die sich Abenteurer nennen, sehen wohl die meisten das Risiko als Gradmesser für den möglichen Erfahrungsgewinn, sehen es als Moment des Nervenkitzels, das einem die Reise kurzweilig macht wie einen spannenden Kinofilm, die Erlebnisse dadurch interessanter, die Erfahrungen intensiver; und genießen hinterher die Erleichterung, alles heil überstanden zu haben. Doch auch diejenigen, die Herausforderungen als Selbstzweck suchen, als Mittel um zu testen, wie weit sie gehen können – »Risikosucher« nennt sie Gert Semler in seinem Buch *Die Lust an der Angst* – auch sie wollen nicht wirklich in Gefahr geraten, sondern Grenzen verschieben: dem schon erwähnten quengelnden Kind ähnlich, das den eigenen Spielraum ausloten und erweitern will. Und dafür riskiert, eine Ohrfeige einzufangen.

Kein Abenteuer ohne Risiko. Doch das Risiko allein macht noch lange kein Abenteuer.

Der Sarg als Boot

Wenn schon Erstbefahrung, dann so spektakulär wie möglich. In den reißenden Stromschnellen des Blauen Nils waren Faltboote, Kajaks und Floße zerborsten. Und so versuchten Klaus Denart und sein Kumpel Günther Krieghk es in den sechziger Jahren mit einem Sarg. Die Spezialanfertigung kenterte nach 500 Metern zum ersten Mal, und von da an immer wieder. Proviant, Kamera, Kompaß, Karte und Angelhaken gingen verloren, ständig griffen Krokodile an, die Bretter des Sarges sogen sich voll Wasser. Die beiden waren völlig entkräftet und halb verhungert, als ihr makabres Boot 200 Kilometer vor dem Ziel in einem Katarakt zerschmettert wurde. Auch der Unverdrossenste hätte jetzt aufgegeben. Denart und Krieghk aber sammelten die Bretter ein, bastelten sich daraus ein Floß und machten weiter. Erst als auch dieses Trümmergefährt absoff, brachen sie ihre Expedition ab und schlugen sich zu Fuß durch die Berge ins nächste Dorf – ein Sechstagemarsch ohne Nahrung.

Nach dieser Gewalttour bekam Klaus Denart Leberentzündung, mußte zurück nach Deutschland und lag sechs Wochen im Kranken-

haus. Damit endete für ihn ein zweijähriger Daueraufenthalt in Äthiopien. Die Fahrt auf dem Blauen Nil war dabei nur einer der abenteuerlichen Höhepunkte, unter anderem hatte Klaus Denart auch Teile der Wüste Danakil durchquert.

1963, zu Beginn der Reise, hatte es nicht so ausgesehen, als ob ein längerer Aufenthalt daraus werden würde. Gestartet war der 22jährige per Anhalter. Schon in Ägypten wurde sein Geld knapp. Um weitermachen zu können, verkaufte er in Kairo sein Blitzgerät und ließ sich gegen Geld Blut abzapfen. In Äthiopien angekommen, war Klaus Denart dann endgültig pleite. Geld von zu Hause anzufordern, kam für ihn nicht in Frage, hatte ihn sein Vater doch nur unter einer bestimmten Voraussetzung ziehen lassen: »Du kannst gerne auf Reisen gehen, aber du mußt unterwegs für dich selbst sorgen.« Klaus Denart suchte also nach einem anderen Ausweg. Er stellte sich die Frage: Was kann ich? Und da kam ihm die Idee, die Prachtbauten der Hauptstadt Addis Abeba zu fotografieren und zu versuchen, die Bilder dem jeweiligen Baumeister zu verkaufen. Und er hatte Glück: Er lernte einen deutschen Architekten kennen, der ihm seine Fotos nicht nur abkaufte, sondern ihm auch weitere Aufträge gab. In diesem Moment habe er sich gefühlt wie ein König. Er hatte eine reizvolle Aufgabe gefunden – und sein Geld reichte wieder für ein paar Wochen.

Abenteuer ist ...

... also auch: allen Widrigkeiten trotzen. Niemand hätte Klaus Denart belächelt, wäre er nach ein paar Wochen aus Afrika zurückgekehrt, weil ihm das Geld ausgegangen ist. Auch das wäre schon eine Reise gewesen, wie sie die wenigsten wagen würden: Allein per Anhalter nach Afrika und dort bleiben, bis man pleite ist.

Vielleicht wäre das für viele auch schon ein Abenteuer gewesen. Daß Klaus Denart an diesem Scheideweg weitergemacht hat, daß er die scheinbare Ausweglosigkeit, in einem fremden Land ohne Geld dazustehen, nicht hinnahm, lag daran, daß er sich für sein persönliches Abenteuer andere Ziele gesetzt hatte. Er wollte sich nicht durch Afrika schlagen, bis ihm das Geld ausgeht, sondern er wollte Äthiopien erkunden – und das gründlich. Abenteuer, so wird dabei deutlich, ist also auch eine Sache der Zielsetzung. Wer aufgibt, bevor er seine Ziele erreicht hat, betrachtet sein Abenteuer als gescheitert, mag es bis dahin auch noch so aufregend und spektakulär gewesen sein.

Für Klaus Denart ist ein Abenteuer eine Sache von Erfolgswillen, Unternehmungslust, Selbstverwirklichung und gesunder Neugier. Für ihn geht es darum, über den eigenen Horizont zu schauen, etwas erreichen zu wollen, dafür so manches zu riskieren, aber nie leichtfertig zu handeln, sondern alle Herausforderungen mit viel Bedacht anzugehen, gegenzuhalten und schließlich am Ziel anzukommen – daraus schöpfe man tiefe Befriedigung. Dieser Ablauf sei nicht zwingend verbunden mit einer Reise. Auch ein Geschäft zu eröffnen, könne ein Abenteuer sein. Und ein Forscher, der einer Idee auf der Spur ist, dafür alle Kräfte einsetzt und schließlich neue Zusammenhänge entdeckt, könne sich durchaus Abenteurer nennen.

Mit seiner Definition deckt Klaus Denart so manches davon ab, was auch andere Abenteurer und Weltreisende für ein Abenteuer halten: nach neuen Horizonten streben, Risiken in Kauf nehmen, sich auf Unwägbares einlassen...

Über diese grundlegenden Aspekte hinaus interpretiert jeder in sein persönliches Abenteuer Zusammenhänge, die anderen fern lägen – oder er drückt den gemeinsamen Gesichtspunkt in Worten aus, die Möglichkeit zu neuem Verstehen geben und diesen gemeinsamen Aspekt in einem anderen Ton klingen lassen.

So ist ein Abenteuer für...

Bruno Baumann ein Tun, das im Gegensatz zur objektivierten Welt steht und bei dem man reagieren und Kreativität entfalten muß. Die Menschen, die am Rande der Wüste Gobi leben, kämen nie auf die Idee, das Sandmeer ohne zwingenden Grund zu durchqueren – und könnten daher nicht nachvollziehen, warum ein Ausländer von weit her kommt, um sich den Gefahren eines solchen Fußmarsches auszusetzen.

Gebuchte Abenteuerreisen hält Bruno Baumann für eine Pervertierung, denn erstens könnten echte Abenteuer nicht auf Wunsch vermittelt werden, und zweitens zeige der Abenteuer-Tourismus, daß sich die meisten Reisenden gar nicht auf Neues, Fremdes, Abenteuerliches einlassen wollten. Die Auswüchse dieser Art von Fremdenverkehr stürzen Bruno Baumann in einen Zwiespalt, da er sich wohl bewußt ist, daß er selbst dem Abenteuer-Tourismus vorausläuft: Er macht ein Buch über eine Expedition, und schon wird eine gebuchte Reise daraus. Andererseits: Verdammen will Bruno Baumann die konstruierten Abenteuer nicht, denn zum einen sei Reisefreiheit ein unverzichtbarer Wert, für den lange gekämpft worden sei, und zum anderen trage der Kontakt zwischen den Kulturen zur Völkerverständigung bei.

Klaus Beer sieht in einem Abenteurer einen Menschen, der ausgetretene Pfade verläßt, um neue Erfahrungen zu machen, geistige und seelische Grenzbereiche zu entdecken, zu überschreiten und so Wünsche auszuleben, die man sich zu Hause im Alltags-Sog von Streß und Zeitnot selbst verwehren muß. Die größten Abenteurer sind für Klaus Beer die Forscher vergangener Zeiten und die Astronauten der Gegenwart – denn gemeinsam sei beiden die ständige Gewißheit, daß ein Defekt ihrer Ausrüstung ihnen die Rückkehr in die gewohnte Welt verwehren könnte.

Axel Brümmer und Peter Glöckner: Würde man einen Steinzeitmenschen in die Gegenwart versetzen und an eine Straßenkreuzung einer beliebigen deutschen Stadt stellen, dieser Steinzeitmensch, so meinen Axel Brümmer und Peter Glöckner, empfände die Situation wohl als größtes Abenteuer seines Lebens. Aber nicht wegen der ungewohnten optischen und akustischen Eindrücke, sondern allein deshalb, weil er die Regeln nicht kennt, um in dieser Welt zu bestehen. Umgekehrt empfinde ein Europäer eine Reise durch ein ursprüngliches Land nur so lange als Abenteuer, bis er die Gesetze dieser Welt begriffen habe und anwenden könne. Für sie selbst seien die ersten Wochen unterwegs ein einziges prickelndes Erlebnis gewesen. Doch unterdessen sei es nicht mal mehr ein Abenteuer, Krokodile mit dem Speer zu jagen.

Arved Fuchs: Für ihn bestimmen Umsicht und intensives Naturempfinden die Qualität eines Abenteuers. Daher könne auch ein Jugendlicher vor der Haustür im Wald echte Abenteuer erleben. Eben weil ein Abenteuer für ihn etwas sehr Individuelles, Persönliches ist, will er mit seinen Polarreisen kein Maßstab dafür sein. Denn immer wieder bekomme er Briefe von jungen Leuten, die als Abenteurer berühmt werden und daher von ihm wissen wollen, welcher Gefahr sich denn bisher noch niemand ausgesetzt habe. Waghalsige Aktionen aber sind für Arved Fuchs genau das Gegenteil eines Abenteuers. Ihm kommt es auf Inhalte an, zum Beispiel darauf, einen Beitrag zum Umweltschutz zu leisten, indem er Signale setzt und zu Diskussionen anregt. Gestaltungskraft, darin liegt für Arved Fuchs der wesentliche Sinn des Abenteuers: »So wie ein Sänger über seine Musik, so drücke ich mich über meine Abenteuer aus.«

Peter Gebhard: Was der »abgelatschte Begriff« für ihn jenseits aller Klischees bedeutet, erzählt Peter Gebhard mit einem Reise-Erlebnis: »Abenteuer hat für mich auch damit zu tun, irgendwo anzukommen, das steckt schon im lateinischen Herkunftswort advenire. Bei einer Reise durch Bolivien mußten wir von der geplanten Route abweichen. In einer einsamen, bizarren Felslandschaft trafen wir plötzlich auf eine Gruppe von Indios, die vier Meter hohe, mit farbiger Wolle bespannte Türme auf dem Rücken trugen. Kondorköpfe krönten die Spitzen der schmalen Gebilde. Es war ein unvergeßliches zeitloses Bild, wie die Menschen durchs Gebirge zum nächsten Dorf zogen. Dieses Ritual, ein Fruchtbarkeitsfest, war selbst Experten noch völlig unbekannt und ist nur in diesem einen Tal verbreitet. Die Bewohner wissen selbst nichts über dessen Herkunft, aber die Symbole sprechen für eine uralte Tradition aus der Prä-Inkazeit. Beim Dorffest am nächsten Tag stiegen die Emotionen hoch, die Leute tranken Unmengen von Chicha (Maisbier), wurden auch untereinander immer aggressiver. Die Annäherung an diese so völlig andere Welt und ihre Bewohner war eine große fotografische Herausforderung, die neben Spontaneität eine enorme Sensibilität erforderte. Aus dem zufälligen Abstecher wurde ein echtes Abenteuer, eine Begegnung ganz besonderer Art, eine der schönsten Geschichten meiner neuen Produktion *Der Weg der Inka.*«

Christina Haverkamp: Grundsätzlich sieht sie ein Abenteuer als Expedition mit Restrisiko, das nicht kalkulierbar ist, man muß sich also gut vorbereiten, um bestehen zu können, man muß kreativ sein und über seine Grenzen gehen. Für sie persönlich muß ein Abenteuer aber zudem mit einem Auftrag verbunden sein. Dieser Auftrag, so sagt sie, wird bis zum Ende ihres Lebens die Rettung bedrohter Völker sein.

Alois Hofmann: Abenteurer sein heißt für ihn: neugierig sein, andere Wege gehen, wieder Kind sein. Diese Eigenschaften würden in modernen Industriegesellschaften von der Schule an abtrainiert, man werde auf eine bestimmte Rolle geeicht, die selten der echten eigenen Bestimmung entspreche, und so komme man ein Leben lang nicht dazu, man selbst zu sein. Der Abenteurer aber sei auf dem Weg zurück zu sich selbst.

Thomas Kropff: Die Gefahr des Scheiterns ist für ihn das Hauptmerkmal eines Abenteuers – es darf kein Hintertürchen geben. So ist es für Thomas Kropff auch ein Abenteuer, sich auf Menschen einzulassen: Zu Fremden ins Auto steigen, bei ihnen im Haus übernachten – das könne spannender und schwerer zu kalkulieren sein als eine Bergbesteigung.

Thomas Mack: Mal nicht den geraden Pfad gehen, weg wollen vom Wohlstand, im Dreck stecken – und sich wieder herauskämpfen. Das macht für Thomas Mack ein Abenteuer aus. Einfach mal sehen, was kommt. Sich nicht damit begnügen, in der Theorie zu wissen, wie man Wasser finden kann, sondern selbst danach suchen und es tatsächlich finden. Zum Abenteuer gehöre aber auch, sich loszusagen von scheinbaren Pflichten und stattdessen nur noch zu tun, was man für sich selbst als richtig erkennt.

Hans Memminger sieht das Leben selbst als Abenteuer: Auch mit Finanzen jonglieren oder rasant Auto fahren könne abenteuerlich sein. Der wahre Abenteurer aber müsse seine Eindrücke reflektieren. So mancher, der sich Abenteurer nenne, wolle sich nur profilieren oder Geld damit verdienen und sei daher weit davon entfernt, sich weiterzuentwickeln. Wer Personenkult um sich selbst betreibe, statt die Sache in den Mittelpunkt zu stellen, habe nicht begriffen, was Abenteuer wirklich bedeutet.

Rüdiger Nehberg: Die Urform des Abenteuers ist für ihn: sich ohne Hilfsmittel durch den Dschungel zu schlagen. Sich tausend Kilometer abseits menschlicher Siedlungen im Urwald absetzen zu lassen, ohne zu wissen wo man ist, nackt und ohne Waffen, und dann zurück in die Zivilisation finden. Noch hat sich auf ein solches Abenteuer niemand eingelassen. Für Rüdiger Nehberg steht es ganz oben auf seiner Liste möglicher Projekte.

Harald Schwindl: Als abenteuerlich empfindet er alles Neue, jeden Ausbruch aus einem geregelten Alltag, jede Chance, sich von Zwängen freizumachen, und alle Situationen, in denen nicht die gewohnten Regeln gelten. Seine ersten Gehversuche als Safari-Leiter seien auch für ihn selbst noch echte Abenteuer gewesen. Inzwischen aber sei es nichts Außergewöhnliches mehr, in den Busch zu gehen, eine Abwechslung zum Stadtleben allenfalls, aber kein Abenteuer mehr. Abenteuer oder nicht, das hat für Harald Schwindl damit zu tun, ob man in ein Land oder in eine Kultur gehört oder nicht. Als Afrika-Neuling habe er noch alles mitgemacht; inzwischen fehle die Herausforderung, ein Dauer-Aufenthalt sei kein Abenteuer mehr.

Tilmann Waldthaler: Nicht die Reise an sich ist das Abenteuer, nicht das exotische Land von sich aus abenteuerlich. Das versucht Tilmann Waldthaler bei seinen Vorträgen deutlich zu machen: daß Abenteuer unterwegs zufällig passieren – oder auch nicht. Und daß es darauf eigentlich gar nicht ankommt. Sinn einer Reise ist es für ihn, den Draht zur Natur wieder zu finden, Regen und Sonne auf der Haut zu spüren, mit wenig zurechtzukommen, sich einerseits anzupassen, an das was kommt – und andererseits das eigene Leben unabhängig von Äußerlichkeiten spontan zu gestalten.

Sigrid Wolf-Feix: Sie hält das, was heutzutage als Abenteuer gilt, für weitgehend kalkulierbar, da die Zivilisation sich inzwischen auch bis in die entlegendsten Winkel ausgebreitet habe. So müsse man sich die Nischen für seine ganz persönlichen Abenteuer suchen, sich dabei aber auch fragen, was Sinn macht und was nicht. Die letzten ursprünglich lebenden Urwald-Bewohner zu finden, sei für sie kein sinnvolles Abenteuer, weil man durch Berichterstattung über letzte intakte Lebensräume zu ihrer Zerstörung beitrage. Männliche Abenteurer, so meint Sigrid Wolf-Feix, wollen vor allem ihre Grenzen erfahren, erobern und bezwingen, Frauen dagegen engagieren sich eher sozial. Ihr selbst sei es wichtig, einfach nur auf Reisen zu sein und zu fotografieren, unterwegs zu sein mit einer gewissen Leichtigkeit, ungebunden und nur das Tagesziel vor Augen, auf der Jagd nach dem ultimativen Bild. Abenteuer ist für sie in erster Linie die Befriedigung einer Sucht. Die Sucht nach Neuem, Anderem, Unbekanntem, vielleicht auch die Sucht, in seinen Abenteuern der Wahrheit, zumindest aber einer gewissen Erkenntnis etwas näher zu kommen. Keiner habe die Sucht des Reisens poetischer ausgedrückt als Paul Theroux in seinem Buch *Der alte Patagonien-Express*: »Reisen ist ein Prozeß des Verschwindens, ein einsamer Weg auf einer dünnen geographischen Linie, die ins Vergessen führt.«

15 Meinungen, darunter so mancher Widerspruch. Ist damit klar geworden, was ein Abenteuer ist?

Ansatzweise vielleicht. Gewiß jedenfalls ist: Eine umfassende Definition, ein Begreifen ohne eigenes Erleben ist fast ausgeschlossen, denn unabhängig von der Subjektivität des Eindrucks trennt den Außenstehenden eine ganz wesentliche Barriere vom wahren Verständnis eines Abenteuers: Erlebnisse dieser Art sind nicht planbar, nicht wiederholbar und kaum dokumentierbar. Was der Vortragsbesucher in den Diaschauen der Abenteurer sieht, ist ja selten das Abenteuer selbst, sondern das Drumherum, im besten Fall der Aufguß. Denn im Augenblick des Abenteuers hat man damit zu tun, auf

Herausforderungen zu reagieren, womöglich sein Leben zu retten. Von dem Augenblick an, in dem Bruno Baumann in der Wüste Gobi in Not geriet, gibt es keine Fotos mehr. Er hatte die Kamera längst weggeworfen, um schneller vorwärtszukommen, und selbst wenn er sie noch gehabt hätte und auch die Kraft zur Motivgestaltung – in diesen Stunden war die Dokumentation und damit die Vermarktung unwichtig für ihn geworden, er hatte nur noch eins im Sinn: zu überleben.

Bei seinem Versuch, als erster Mensch die Arktis allein und ohne Hilfe zu Fuß durchqueren, brach der norwegische Extrem-Abenteurer Börge Ousland ins Eis ein und fiel ins Wasser. Er kletterte heraus, baute die Kamera auf, sprang noch einmal ins eiskalte Meer und fotografierte sich per Selbstauslöser. Ist das Foto nun ein reines Show-Produkt oder ein authentisches Dokument? Das Bild lügt ja nicht, es zeigt eine Situation, die sich tatsächlich zugetragen hat. Und doch zeigt es nicht das wahre Mißgeschick.

Thomas Kropff ging das lebensgefährliche Wagnis ein, während seiner Entführung im Lager der Guerilleros heimlich Aufnahmen zu machen. Nicht an die Vermarktung des Abenteuers dachte er dabei, sondern daran, die Hoffnung auf eine mögliche Befreiung wachzuhalten: »Niemand macht Fotos, wenn er davon ausgeht, umgebracht zu werden.« Thomas Kropff schöpfte beim Fotografieren neuen Lebensmut, und ganz sicher brachte er mit den Bildern einmalige Dokumente über den Alltag in einem Guerillero-Lager mit nach Deutschland. Aber sagen diese Fotos von Männern in Uniform wirklich etwas über die Entführung aus, muß nicht auch die Information dazu geliefert werden, unter welchen Bedingungen sie entstanden sind? Und ist selbst mit Fotos in Kombination mit mündlicher Information für den Vortragszuschauer wirklich nachvollziehbar dokumentiert, wie man sich dabei fühlt, ein Entführungsopfer zu sein?

Vielleicht liegt gerade in der Tatsache, daß ein Abenteurer allenfalls Fragmente seiner Erlebnisse weitergeben kann, der Grund dafür, warum man den Begriff mit so vielen intensiven romantischen Gefühlen verbindet. Das Abenteuer ist wie ein isolierter Raum, getrennt durch eine unerkennbare Grenzlinie, die nicht mit der Kamera durchdrungen werden kann – wie bei Leben und Tod, Schlafen und Wachen: Man kann nicht sagen, wie der Tod wirklich ist oder der Schlaf. Wenn man auf den Schlaf wartet, kommt er nicht, die Schwelle überschreitet man unbemerkt, und das Erlebnis ist dann mit Sicherheit ganz anders als alles, was man sich im Wachzustand vorstellt. Wenn man aber wieder erwacht, bleibt nur nebelhafte Erinnerung, so daß man, selbst wenn man es nicht völlig vergißt, nie sagen kann, wie es wirklich war.

Weil auch ein Abenteuer so wenig greifbar ist und so viele Facetten hat, weil es im Grunde die ganze Bandbreite menschlicher Erfahrungen einschließt – Angst und Erleichterung, Sehnsucht und Erfüllung, Anstrengung und Ruhe, Hitze und Kälte, tödlichen Ernst aber auch Humor, unlösbare Herausforderungen und unerwartete Auswege, Scheitern und Rekorde, Träume und Alpträume, Betörendes und Ekliges, Zuneigung und Haß, Treue und Verrat – eben weil es so vielseitig ist, läßt es sich kaum in Kategorien fassen. Zwei grundsätzliche Formen meint Klaus Denart dennoch unterscheiden zu können: das kindliche Abenteuer, bei dem man sich einfach treiben läßt, ohne die Erlebnisse hinterher zu bewerten; und das Abenteuer, mit dem ein Ziel verfolgt wird oder in das hinterher ein Sinn hineininterpretiert oder gar hineinerfunden wird. Der Unterschied zwischen dem Abenteuer als Selbstzweck und dem als Mittel zum Zweck wird unter einem anderen Gesichtspunkt noch näher beleuchtet werden. An dieser Stelle soll die Frage im Mittelpunkt stehen, ob man auch den Abenteurer nennen kann, der um des Unterwegsseins willen unterwegs ist und weder einen übergeordneten Zweck verfolgt noch die Vermarktung seiner Abenteuer anstrebt und der daher vielleicht auch keine Risiken eingeht und sich nur weit unter dem eigenen Leistungsniveau fordert: Sind Weltenbummler und Aussteiger auch Abenteurer? Darf sich Abenteurer auch Dietmar Löffler nennen, der abenteuerlich lebt, ohne in fremden Ländern unterwegs zu sein?

Stuntman Dietmar Löffler sieht sich sehr wohl als Abenteurer. Nicht jedoch wegen möglicher Gefahren, sondern weil er oft neue Stunts ausprobiert, weil er vorher nie weiß, ob sie funktionieren, weil auch bekannte Stunts immer wieder anders ablaufen – und weil seine Branche in Deutschland grundsätzlich noch nicht sonderlich durchdacht sei, weil es keine eingefahrenen Gleise gebe.

Die meisten Extremreisenden, Profis oder Amateure, haben keine Probleme damit, sich mit dem Begriff Abenteurer zu identifizieren. Sie leben das, was sie und andere für Abenteuer halten, und sie nehmen ihre Erlebnisse zum Maßstab dafür, welche Qualitäten ein Abenteuer haben sollte. Doch es gibt Ausnahmen: Michael Martin sieht sich als Afrika-Fotografen und Geschichtenerzähler, nicht als Abenteurer, denn er suche das Abenteuer nicht, sondern nutze lediglich abenteuerliche Aspekte, die sich unterwegs von selbst ergeben, als roten Faden, als Lokomotive für seine Vorträge. Auch Hans Memminger will nicht mehr sein als einer, der sich durch die Arktis-Literatur gelesen und bei dem Begeisterung dafür erwacht ist, die Reisen nachzuvollziehen.

Thomas Kropff sieht sich nur in Verbindung mit seiner Südamerika-Reise oder mit anderen riskanten Unternehmungen als Abenteurer. 1992 zum Beispiel leitete er eine Hilfsgüter-Lieferung nach Dubrovnik. Unterwegs wurde der Transport beschossen, in den Flüchtlingslagern wurden die Helfer bedroht: Wenn ihr den Moslems auch was abgebt, legen wir euch eine Handgranate unter den Laster... Dann aber wieder habe er Reisen gemacht, bei denen er als »einfacher Traveller« unterwegs gewesen sei: zwar auf unausgetretenen Pfaden, aber keiner Bedrohung ausgesetzt, nur mit der Kamera auf der Jagd nach Sehenswürdigkeiten. Mal Abenteurer, mal weltreisender Fotograf. Kann man die Rollen so mühelos trennen und sich Abenteurer nur im Augenblick des Abenteuers nennen?

Andreas Pröve zieht nicht den Rollenwechsel während verschiedener Reisen als Kriterium heran, sondern die abenteuerlichen Erlebnisse insgesamt – und beurteilt sich demgemäß als, bedingt auch durch den Rollstuhl, Abenteurer auf niedrigem Niveau, als Reisenden, der sich offiziell niemals Abenteurer nennen würde.

Nur einer distanziert sich völlig von dem Begriff: Dirk Thiele sieht sich als freiheitsliebenden Menschen, der Kontakt zu den Einheimischen fremder Länder sucht und in deren Kulturen eintauchen will – und damit als »ganz normalen Outdoorer«. In fremde Kulturen einzutauchen ist dagegen manchem anderen schon ein Abenteuer an sich. Was also unterscheidet nach Meinung der Abenteurer sie selbst vom Weltenbummler, vom Aussteiger auf Zeit, vom Aussteiger auf Dauer?

GLOBETROTTER UND AUSSTEIGER

Globetrotter sind keine Abenteurer, solange sie nur das Unterwegssein genießen und sich dabei auf nichts Ungewisses einlassen. Damit ist zusammengefaßt, was die meisten Abenteurer als zentralen Unterschied zwischen sich und dem normalen Reisenden ansehen.

Aber liegt nicht schon im Aufbruch zu einer Reise – egal in welches Land, egal wie gründlich geplant – völlige Ungewißheit darüber, wie der erste Tag verlaufen, gar wie die Reise ausgehen wird? Der amerikanische Schriftsteller Paul Theroux meint in seinem Buch *Der alte Patagonien-Express*, jede Reise trage ein Element der Gefahr in sich. Schon sein gewohntes Umfeld zu verlassen, kann ein Abenteuer sein. Und das nicht einmal allein wegen der Ungewißheit, sondern weil man zu dem Zeitpunkt, an dem man die Reise plant, in einer völlig anderen Gefühlswelt lebt als später unterwegs. Zuweilen kann das reisende Ich die Entscheidung des Ichs, das die Reise geplant hat, nicht mehr nachvollziehen...

Im Alter von 44 Jahren beschloß der Fachoberschul-Lehrer Alexander Burzow herauszufinden, wie es sein mag, die eingefahrenen Gleise seines Beamtendaseins auf Zeit zu verlassen und sich auf etwas total Ungewohntes einzulassen. Er meldete sich für zwei Jahre freiwillig als Deutschlehrer in die bulgarische Stadt Sliven. Im benachbarten Polen oder Tschechien eingesetzt zu werden, hatte er abgelehnt: Er wollte möglichst tief hinein in den früheren Ostblock. Kaum in Sliven angekommen, bereute er seinen Pioniergeist jedoch bitter. Nach dem ersten Schock angesichts heruntergekommener Häuser, himmelschreiender Armut, Horrorgeschichten über das Mafia-Unwesen und zusätzlich entmutigt durch das Bewußtsein, in einem derartigen Umfeld völlig allein und auf sich selbst gestellt zu sein, wäre er am liebsten gleich wieder umgekehrt. Zwar hatte er ja vor seinem Aufbruch gewußt, daß es genau so sein würde; doch die Fakten vom gewohnten Zuhause aus nüchtern zu über*denken* und sie dann vor Ort zu er*leben* im Gemütszustand eines verlassenen Kindes – an diesem Unterschied auf seelischer Ebene scheitert jedes geistige Vorwegnehmen. 2.600 Kilometer von der Heimat entfernt, wirken Schauermärchen über Verbrecherbanden ungleich drastischer, erst recht wenn man Beweise dafür bekommt, daß weit mehr als ein Körnchen Wahrheit dahintersteckt.

Er wäre am liebsten umgekehrt, aber er blieb. Alexander Burzow lebte sich ein, fand Freunde, erforschte die nähere und weitere Region, er richtete bei Heimaturlauben ein Spendenkonto für Altenheime, Kindergärten und Behindertenheime in Sliven ein, sammelte darauf innerhalb weniger Wochen 6.000 Mark; er führte eine Slivener Schüler-Austauschgruppe nach Deutschland, nahm an Lehrer-Demonstrationen in Sofia teil, fand eine Lebensgefährtin in Sliven – und als die zwei Jahre schließlich vorbei waren, kehrte er Bulgarien nicht erleichtert den Rücken, sondern behielt seine dortige Wohnung und ist jetzt in zwei Städten zu Hause.

Der Beamte Alexander Burzow, ein Abenteurer? Nimmt man das Durchhalten als Maßstab, durchaus.

Klaus Denart hat sich bei seinen Reisen immer einen Spaß daraus gemacht, auf Abenteuer zurechtgemachte Mitreisende auf ihre Tauglichkeit einzuschätzen. Bereits bei der Ankunft auf dem Zielflughafen, so hat er dabei beobachtet, scheidet sich die Spreu vom Weizen – so zum Beispiel bei einer Reisegruppe, die mit Markenklamotten auf Dschungelheld gestylt und wie auf alles gefaßt im Jumbo herumprotzte, sich aber, kaum gelandet, die erste kleine Panne als Anlaß wählte aufzugeben und umzukehren.

In der Karibik gebe es ein kleines Völkchen sogenannter Gestrandeter, die hängengeblieben seien, angeblich weil sie an den Traumstränden ihr Paradies gefunden hätten. In Wahrheit aber, so Klaus Denart, seien das Europäer, die oft jahrelang auf ein Schiff gespart hätten, um die Welt zu umsegeln, die aber, kaum sei die Reise losgegangen, kaum seien sie richtig gefordert gewesen, kaum hätten sie Verantwortung tragen müssen, die Weltreisepläne aufgaben, ihre Schiffe in der Karibik verschleuderten und sich dort jetzt auf Dauer verkriechen vor möglichem Spott in der Heimat. Solche Leute, sagt Klaus Denart kategorisch, seien nicht mal Aussteiger, schon gar keine Abenteurer, sondern einfach nur Versager.

Es fällt leicht, in diese Kerbe zu schlagen. Aber wer je den Punkt der Unumkehrbarkeit am eigenen Leib durchlitten hat, wird ein bißchen mehr Verständnis aufbringen für die »Gestrandeten«. Wer sich eine Reise in seinen Wunschträumen ausmalt, der fühlt sich auf verlockende Weise herausgefordert und fiebert allem Schönen entgegen; wenn es dann aber daran geht, sein gewohntes Umfeld vielleicht für lange Zeit zu verlassen, sein warmes Nest, die vielfältigen sozialen Beziehungen, in die man eingebettet ist, Menschen, die einem lebenslang bekannt sind, die einem Unterstützung und Rat bei Problemen gewähren, vor allem aber auch Identität verleihen durch den Spiegel ihrer Reaktionen auf das eigene Verhalten, dann kann die Stimmung umschlagen und die Herausforderung zur Hürde werden. Jetzt sieht man wie durch ein Brennglas – und spürt ganz tief im Gedärm – die möglichen Gefahren und unerwünschten Nebenerscheinungen: Man ist auf sich allein gestellt, muß manch lieber Annehmlichkeit entsagen, eine neue Lebenswelt erkunden, Mutproben bestehen, sich auf fremde, vielleicht feindselige Menschen einlassen, sich mit ihrer Kultur auseinandersetzen, die ungewohnte Lebensweise aus Höflichkeit über die eigene stülpen – man muß sich in jeder Weise öffnen. Dabei kommt eine Urangst auf, die sich bei aller Planung nicht vorhersehen läßt: die tief verwurzelte Furcht davor, den Schutz der eigenen Horde zu verlieren, verstoßen zu sein. Man schaut dieser und manch anderen verdrängten Ängsten – vielleicht das erste Mal im Leben – mitten ins Gesicht. Es braucht eine gehörige Motivation, um an diesem Punkt weiterzugehen.

Beat und Eva Glanzmann waren der Zivilisation so müde, daß ihnen der Wechsel in ein neues Leben mühelos gelang, daß der Punkt der Unumkehrbarkeit kein Scheideweg für sie war, sondern Tor in ein Leben der Ruhe, Selbstbestimmung und totalen Freiheit. Allerdings hatten die jungen Schweizer Eheleute auch nie einen sonderlichen Bezug zu der Gesellschaft, in der sie lebten, obwohl zumindest Beat Glanzmann in dieser Gesellschaft außerordentlich erfolgreich war: Bevor er mit seiner Frau Mitte der 90er Jahre aus dem Berner Oberland nach Yukon auswanderte und sich bei Haines Junction im Busch ansiedelte, war er einer der bekanntesten Berufsfotografen im deutschsprachigen Raum, vielleicht auch der beste. Seine Multivisions-Tonbildschau *Alaska – Abenteuer Wildnis*, die damals größte und erfolgreichste in der Schweiz, zeigte er vor bis zu 1.200 Zuschauern, und er habe dabei »ganz groß Kohle gemacht«.

Allerdings entdeckte er dabei auch Charakterzüge an sich, die ihm nicht gefielen. Vor seiner Auswanderung habe er so manchen Berg bestiegen und dort so manches Foto gemacht, nicht weil es nötig gewesen wäre, sondern um anderen etwas zu beweisen. Dieser Drang nach Selbstbestätigung sei inzwischen überwunden – seine Multivisionsschauen zeige er allenfalls noch, um die Leute auf das jeweilige Land neugierig zu machen.

Vielleicht liegt hier der Unterschied zwischen denen, die umkehren, sobald es ernst wird, und denen, die ihre Pläne durchziehen: Die einen brechen auf, weil sie etwas suchen, das sie zu Hause vermissen, ohne sich dabei zu überlegen, was sie alles vermissen werden, wenn sie erst unterwegs sind; die anderen verlassen die Heimat, weil sie ihrer in jeder Weise überdrüssig sind.

Für Klaus Denart unterscheiden sich Pseudo-Abenteurer und Abenteurer vor allem am Durchsetzungsvermögen. Und doch gibt es noch einen grundlegenden Unterschied zwischen all denen, die er als Abenteurer einstuft, all denen also, die – ob zu Hause oder unterwegs – ihre Pläne durchziehen und sich dabei auf Ungewisses einlassen. Die Grenzen mögen fließend sein zwischen dem Globetrotter, der sich treiben läßt, zwischen dem Individual-Abenteurer, der sich feste Ziele setzt, sogar zum ortsansässigen Abenteurer-Typus eines Dietmar Löffler – doch es gibt eine weitere Kategorie, die sich von allen anderen kraß unterscheidet: den Expeditions-Abenteurer.

Eine Expedition, darin stimmen die meisten Abenteurer überein, ist nicht einfach nur eine Reise in ein fernes Land abseits der Touristenwege; Merkmale einer Expedition sind: hoher Aufwand an Planung, Material und Geld, lange Vorbereitungszeit mit intensivem Studium der Fachliteratur, viele Beteiligte, große Entfernung zur und totales Abgeschnittensein von der Zivilisation, dazu extreme Klima- und Wettersituationen. Der Expeditionsleiter muß sich auf immense Verwaltungsarbeit gefaßt machen. Seine Aufgabe ist es, sich schon Monate vor dem Aufbruch um Sponsoren und Visa zu bemühen, er muß den Gepäcktransport organisieren, Versicherungen für die Träger abschließen. Und er muß die Menschen sehr genau prüfen, deren Dienste er für das Unternehmen in Anspruch nimmt. Die Wahl eines verantwortungslosen Kochs zum Beispiel kann die ganze Expedition gefährden. In manchen Ländern putzen sich die Menschen mit den Fingern ab, waschen dann ihre Hände in den Bächen, entnehmen das Wasser dieser verschmutzten Bäche aber an gleicher Stelle wieder zum Kochen. Den Einheimischen macht das nichts aus. Bereitet der Koch aber das Essen für die Europäer mit diesem Wasser zu, ohne es vorher zehn Minuten lang abgekocht zu haben, erkrankt die ganze Mannschaft an Durchfall, und die Expedition ist zu Ende, bevor sie richtig begonnen hat.

Expeditions-Abenteurer, so scheint es, müssen in erster Linie ihren Kopf gebrauchen, um jenseits all dessen, was das eigentliche Abenteuer später ausmacht, den Weg dafür zu bereiten. Liegt hierin, neben dem hohen Aufwand, der zweite entscheidende Unterschied zu Solo-Abenteurern wie Rüdiger Nehberg?

BAUCH ODER KOPF?

Rüdiger Nehberg, das vorneweg, mag meist allein oder in kleinen Gruppen unterwegs sein, aufwendige Vorbereitungen erspart ihm das auch nicht immer. Das körperliche Training sei in diesem Zusammenhang dahingestellt, dem unterwirft er sich daheim zu jeder Zeit – bei seinen Atlantik-Überquerungen im Tretboot und auf dem Floß hat er lediglich von Land- auf See-Survival-Übungen umgestellt: Anti-Seekrankheits-Training, Verhalten bei Schiffsuntergang, mörderische Tauchübungen mit den Kampfschwimmern der Bundeswehr...

In seinen Büchern *Über den Atlantik und durch den Dschungel* und *Im Tretboot über den Atlantik* ist über all das hinaus aber auch nachzulesen, wie viele Monate lang Klein- und Kleinstarbeiten am Tretboot und vor allem am Floß zu verrichten waren, welches Maß an allgemeiner Recherche, Überarbeitungen und Testfahrten unumgänglich war.

Mögen das auch ausnehmend aufwendige Projekte gewesen sein, Kopfarbeit hatte immer ihren gewichtigen Anteil bei den Reisevorbereitungen Rüdiger Nehbergs. Einfach auf gut Glück losfahren und dann den Instinkten folgen – da wäre er längst ins Verderben gerannt. Das gleiche gilt, würde er nur den Kopf sprechen lassen und nicht auf seine Instinkte vertrauen.

»Der Bauch will immer, der Kopf steuert es« – so geht Rüdiger Nehberg seine Abenteuer an. Und in der Tat scheinen Kopf und Bauch bei extremen Unternehmungen als Gegenspieler besonders fruchtbar zu wirken: Vernunft und Willenskraft zügeln und kanalisieren den archaischen Vorwärtsdrang.

Das gilt aber auch umgekehrt: Zutiefst menschliche Regungen können in extremen Situationen auf verheerende Weise bremsen und müssen daher vom Verstand unterbunden werden, will man überleben. Ein besonders krasses Beispiel liefert Jon Krakauers *In eisige Höhen*: Da passiert im Gipfelbereich des Mount Everest ein japanisches Bergsteiger-Team zwei Sterbende – aber statt zu helfen, werfen sie auf den Todeskampf einen Blick wie auf ein beliebiges

Naturereignis und marschieren dann wortlos weiter. Unmenschlich wirkt dieses Verhalten, wenn man unterstellt, die Japaner hätten nur ihren Gipfelsieg nicht gefährden wollen. Aber vielleicht hätten sie auch ihr eigenes Leben in Gefahr gebracht, wenn sie den Sterbenden von ihrem knapp bemessenen Proviant oder Flaschen-Sauerstoff abgegeben hätten. Sie zu bergen, wäre ohnehin unmöglich gewesen, ihnen das Sterben zu verlängern nicht unbedingt eine menschliche Geste. Außerdem: »Wir waren zu erschöpft, um ihnen zu helfen. Oberhalb von 8.000 Meter ist nicht der Ort, wo Leute sich so was wie Moral leisten können.« Die Menschlichkeit sagt: helfen! Der Verstand befiehlt: Weitergehen, sonst frierst du selbst am Berg fest!

Bei Gefahren, die Schlag auf Schlag eintreten, tauschen Bauch und Kopf das Regiment: Bei einem Überfall hat der Verstand wenig zu befinden, wie man mit dem Gegner verfahren sollte – da sagt das Gespür für Menschen und das durch Übung und Erfahrung geschulte Unterbewußtsein zuverlässiger, ob man sich wehren oder ergeben sollte. Der Verstand kann all die kleinen Details der Situation gar nicht so schnell bewerten, daß rechtzeitig abgewogen und eine angemessene Entscheidung gefällt werden könnte.

Bauch und Kopf, zwei lebensrettende Gegenspieler: Mal hat der eine recht, mal der andere? Hans Memminger stimmt zu: »Intellekt und Emotionen sind wie zwei Beine – sie müssen gleich lang sein, sonst marschiert man im Kreis.« Für extreme Expeditionen seien zwei Eigenschaften unerläßlich, die in ausgeglichener Gegensätzlichkeit höchst selten vorkämen: Mut und Vorsicht.

Doch nicht jeder Abenteurer sieht es so. Klaus Denart gibt seinen Gefühlen den Vorzug: »Man braucht eine Idee als Anlaß des Unterwegsseins, und die entsteht und wächst aus dem Bauch heraus. Wäre nur der Kopf beteiligt, man dürfte so manches gar nicht erst anfangen.« Auch Arved Fuchs rät davon ab, allzu rational zu planen: »Sonst bleiben die Träume auf der Strecke.«

Bruno Baumann hat es unendlichen Ärger bereitet und viel Geld gekostet, bis er gelernt hatte, mehr auf seine Gefühle zu vertrauen. Früher habe er seine Expeditionspartner ausschließlich nach ihrer Tauglichkeit für die jeweilige Tour beurteilt und dann mit dem Verstand ausgewählt. Doch wegen fehlender menschlicher Gemeinsamkeiten habe es rasch Ärger gegeben. »Unterwegs hat man ja keine Rückzugsmöglichkeit, man kann sich auch nicht so einfach trennen, sondern muß den Streit über Wochen ausfechten – solange die Reise eben dauert.« Eines seiner frühen Abenteuer endete für Bruno Baumann vor Gericht und hätte ihn fast ruiniert. Erst seit er sich bei der Partnerwahl auf sein Gefühl verläßt, fügen sich die Expeditionen harmonischer.

Natürlich gibt es auch Reisende, die dem völlig widersprechen und kategorisch sagen: »Aus dem Bauch heraus, sowas gibt es für mich nicht!« Intuition sei nichts anderes als Erfahrung, Ausbildung, handwerkliches Geschick, Vorsicht, Kenntnisse in Sachen Wetter, Medizin, Sprachen... Erst wenn man all das drauf habe, könne man losziehen, denn erst dann habe man den Hintergrund, der nötig sei für den Faktor Zufall, für das also, was man bei einer Expedition nicht planen könne.

Träumer oder Realist, die meisten Abenteurer, die meisten Weltreisenden sind wohl beides im Gleichklang. Vielleicht entscheidet der Grundcharakter von Bauch- oder Kopfmensch auch über die Art und Weise des Abenteuers, jeder sucht sich das Unterfangen, das seiner Anlage entspricht, und so geht jeder unterschiedlich vor und hat doch auf seine Weise recht.

Bei allen Unterschieden gibt es jedoch eine Eigenschaft, die alle Berufs-Abenteurer und wohl auch die meisten Globetrotter gemein haben: Sie sind Tatmenschen.

DASKANNSTDUAUCHDUKLEINERBÜRGER!

Der Pseudo-Abenteurer gibt auf, wenn es hart wird, der Abenteurer hält durch – mit dieser einfachen Formel hatte Klaus Denart definiert, was für ihn einen Abenteurer ausmacht. Doch eine Tatsache war dabei zu kurz gekommen: In beiden Fällen handelt es sich um Menschen, die den Mut zum Aufbruch hatten. Auch wer später abbricht, unterscheidet sich bereits vom Pauschal-Urlauber.

Viele Abenteurer halten diesen ersten Schritt schon für das, was sie vom Sofahocker trennt. Als Rüdiger Nehberg erstmals über die bis zu diesem Zeitpunkt stets gescheiterten Versuche las, den reißenden Blauen Nil zu befahren, fragte er sich nicht: »Was müssen das für Verrückte sein?« – er sagte sich: »Das kannst du auch, du kleiner Bürger!« Und er probierte es einfach aus. Daß er seinen Plan durchzog und 1972 zusammen mit Hinrich Finck und Michael Teichmann in einem selbstgebauten Boot sogar die Erstbefahrung schaffte, zeigt sicher auch das grundsätzliche Maß seiner Entschlossenheit; vor allem aber fand er dabei über sich selbst heraus, daß eine Wildwasserfahrt auf dem Blauen Nil nicht jenseits seines Limits lag.

Die eigenen Grenzen ausloten: Schon einmal wurde dieser Teilaspekt des Abenteuers gestreift. Für jeden Menschen gibt es eine durch Erbanlagen, Erziehung und Übung festgelegte Grenze für das, was er seelisch, geistig und körperlich zu leisten vermag. Den einen ist diese Leistungsgrenze gleichgültig, die anderen wollen sie abtasten. Das heißt: Wenn einer aufgibt, bevor seine Pläne verwirklicht sind, dann mag das auch daran liegen, daß er über weniger Spielraum verfügt, als er sich zugetraut hatte. Das eigentliche Ziel des Abenteuers kann er dennoch erreicht haben, den tieferen Sinn für sich erschlossen: Er hat seine persönliche Leistungsgrenze kennengelernt. Seine künftigen Abenteuer können jetzt innerhalb dieser Grenze stattfinden, und er kann sachte daran arbeiten, seinen Spielraum auszudehnen. Wer nie den ersten Schritt gewagt hat, wird nie erfahren, wie weit er gehen kann – was er kann.

Ein erster Schritt ins Ungewisse, ein kleiner. Und dann noch einer, und ein weiterer. Bis man sich ein erstes kleines Stück auf das zubewegt hat, was man sich erträumt. Einfach nur anfangen.

Das klingt leicht, aber wie groß ist doch für das Gewohnheitstier Mensch die Kluft zwischen Vorsatz und Tat! Der Wunsch abzunehmen oder vom Nikotin zu lassen kann noch so aufrichtig sein, die meisten Übergewichtigen, die meisten Raucher kommen über den Entschluß nie hinaus – oder Suchtverhalten und die Gewalt langer Gewohnheit sorgen dafür, daß man doch bald wieder in den alten Trott verfällt.

Für den ersten Schritt, sagt Arved Fuchs, muß man bereit sein, sich von herkömmlichen Denkmustern zu lösen – sich umzuprogrammieren. Er selbst habe als junger Mensch zwar eine Vision von einem Leben als Abenteurer gehabt, aber kaum Geld für Flugtickets und Ausrüstung. Und so lag es nahe, eine bürgerliche Laufbahn einzuschlagen, statt den Träumen zu folgen und zu tun, »was alle für idiotisch hielten«. Daß er schließlich die gegenteilige Entscheidung traf, habe »gewisse Energien« erfordert.

Energien freizusetzen, ohne dabei wissen zu können, ob sich die Investition auszahlt, dazu ist nicht jeder bereit. Einfach etwas ohne Anstoß zu tun, aktiv zu werden, ohne von einem anderen darauf hingewiesen worden zu sein, das hält Heinz Kallin für die Grundeigenschaft eines Abenteurers. Bruno Baumann sieht, unter diesem Aspekt, in Abenteurern nichts anderes als Prototypen von Unternehmern. Wer sich seinen Ängsten stelle, baue diese Ängste ab und erlange dadurch einen großen Grad von Freiheit. Die Voraussetzung aber ist: Man muß den ersten Schritt wagen, bevor man seine Ängste in der Phantasie so sehr aufgebauscht hat, daß man darüber den Mut verliert – man muß rechtzeitig über Gedankenspiele hinauskommen und zum Handeln schreiten: »Ich versuche das jetzt einfach mal!« Und man muß sich, als zukünftiger Profi-Abenteurer, im klaren darüber sein, daß Eigeninitiative nicht nur einmal oder gelegentlich nötig ist, sondern ständig. »In anderen Berufen kann man sich mal ein paar Tage hängen lassen«, meint Michael Martin, »in meinem Beruf geht das nicht.«

Der Tatmensch bestätigt sich also daran, daß er nicht nur aufbricht, sondern daß er zu der einmal getroffenen Entscheidung steht und alle Brücken hinter sich niederreißt. Als Rüdiger Nehberg seine Bäckerei verkaufte, ein Unternehmen mit zu diesem Zeitpunkt über 50 Mitarbeitern, da war das Kapitel Bäckermeister für ihn definitiv erledigt – obwohl er durchaus noch Angst hatte, allein vom Abenteuer nicht leben zu können. Die totale Abkehr von dem Leben, das er zuvor geführt hatte, ging so weit, daß er am Tag des Verkaufs sein handgeschriebenes Rezeptbuch verbrannte, eine unersetzliche Sammlung selbstkreierter Backrezepte; und daß er dem Geschäft, das er aus dem Nichts geschaffen hatte, auch keine Träne nachweinte, als es unter dem neuen Eigentümer Jahre später pleite ging. Ist eine solche Entschiedenheit wirklich lernbar?

Einer glaubt nicht an den angeborenen Unterschied zwischen Tatmensch und Zauderer, zwischen solchen die handeln und erfolgreich sind und den durch Hadern Erfolglosen – zumindest nicht im Bereich des Reisens. Thomas Mack behauptet: »Die Abenteuerlust steckt in jedem Menschen. Wenn ich unter zehn Leuten irgendeinen raussuche, der von sich aus niemals aufbrechen würde, und ihn mit auf Reisen nehme, dann kann es passieren, daß er auf den Geschmack kommt und auf eigene Faust weitermacht.«

Daß es bei vielen Abenteurern tatsächlich einen ersten Anstoß gab, wird ein späteres Kapitel zeigen. Fürs erste ist es wichtig festzuhalten, wie entscheidend der erste Schritt für alles war, was später kommt – und wie wichtig daher die geistige Grundhaltung »daskannstduauchdukleinerbürger«. Das klingt banal und gilt natürlich auch für jeden anderen Beruf, für spezialisiertes Tun überhaupt; aber wer über die Leistungen von Extrem-Abenteurern wie Rüdiger Nehberg, Arved Fuchs oder Bruno Baumann staunt, der neigt leicht dazu, ihre Rekorde abgekoppelt vom Werdegang zu betrachten. Abenteurer wie sie mögen Tatmenschen sein und außergewöhnlichen Mut besitzen, von Geburt an oder erworben durch lange Übung, aber auch sie haben ganz klein angefangen, mit irgendeinem ersten Schritt. Der erste Schritt ist ein kleiner Sieg, und sei es nur gegen den inneren Schweinehund, und dieser kleine Sieg macht Mut für den nächsten Schritt. Wer dabei Feuer fängt, wird weitergehen bis zu seinem Limit – er darf nur nicht den Fehler zu großer Sprünge machen und sich überfordern.

Es bedarf vieler, vieler kleiner Schritte, bis der Punkt erreicht ist, an dem der Normalbürger nicht mehr nachvollziehen kann, worauf sich der Extremreisende einläßt und warum er es tut, bis dem Durchschnittsmenschen, der den Schritten nicht gefolgt ist, angesichts von Experimenten wie Nehbergs Würgeschlangentest oder auch schon beim Gedanken an seine kulinarischen Ausflüge in die Welt der Würmer und Maden das Verständnis völlig fehlt. Und so stellt sich die Frage: Besetzen Abenteurer mit dem was sie tun überhaupt noch einen Platz in der Gesellschaft? Oder bewegen sie sich längst nicht nur außerhalb der Norm, sondern auch jenseits des Spektrums von Außenseitern, das ein repräsentativer Querschnitt der bundesdeutschen Gemeinschaft seiner selbst noch als zugehörig betrachten würde?

DER ABENTEURER – EIN AUSSENSEITER?

Zu Gast bei Straßenkindern

Im Herbst 1999 wurde den Weltumradlern und sozial engagierten Fotojournalisten Axel Brümmer und Peter Glöckner in Frankfurt der mit 10.000 Mark dotierte Weitsicht-Preis *verliehen. Die Juroren würdigten mit der Auszeichnung ein Wohltätigkeitsprojekt in Bolivien: Innerhalb weniger Jahre haben Axel Brümmer und Peter Glöckner bei ihren Vorträgen 250.000 Mark gesammelt und damit vier Kinderheime aufgebaut, in denen zum Zeitpunkt der Preisverleihung über 300 Straßenkinder betreut wurden. Auch die 10.000 Mark des* Weitsicht-Preises *kommen in voller Höhe diesen Kinderheimen zugute.*

Bei ihren Vorträgen werden Axel Brümmer und Peter Glöckner mit ihrem Kinderheim-Projekt von ihren Zuhörern massiv unterstützt, bis zu 400 Mark finden sich allabendlich in der Spendenbox. Gelegentlich wird aber auch Kritik laut. Wenn man schon Gutes tun wolle, so meinen manche der Vortragsgäste, solle man lieber in der eigenen Heimat dazu beitragen, Probleme zu lösen, statt sich im fernen Bolivien zu engagieren. Axel Brümmer hat darauf nur eine Antwort: Um die Probleme im eigenen Land überhaupt erst einmal klar zu erkennen, muß man von draußen hereinschauen. So sind die Kinderheime nur Teil eines übergeordneten Projekts, von dem auch die bundesdeutsche Gesellschaft langfristig profitieren wird.

Seit drei Jahren organisieren Axel Brümmer und Peter Glöckner einmal jährlich Reisen für deutsche Kinder zu den Heimen in Bolivien. Jeweils zehn Tage lang leben die deutschen mit den bolivianischen Kindern unter einem Dach und lernen auch den rauhen Alltag auf der Straße kennen. Obwohl die Eltern der deutschen Kinder die Reise voll bezahlen müssen, haben Axel Brümmer und Peter Glöckner weit mehr Anfragen als Reiseplätze. Deshalb, und vor allem auch, weil nur wirklich aufgeweckte und interessierte Kinder mitkommen sollen, gelten strenge Auswahlbedingungen: Die Kinder, die nach Bo-

livien mitwollen, müssen am Telefon nicht nur ausführlich zu ihren Beweggründen Stellung nehmen, sie müssen Axel Brümmer sogar mit allen Mitteln dazu überreden, um ihre Motivation wirklich glaubhaft zu machen.

Indem Axel Brümmer und Peter Glöckner die deutschen mit den bolivianischen Kindern zusammenbringen, tragen sie nicht nur zur Völkerfreundschaft innerhalb einer heranwachsenden Generation bei, sie helfen den Kindern auch ganz konkret. Die bolivianischen Straßenkinder leben, Axel Brümmer drückt es bewußt kraß aus, in ihrer Heimat so erbärmlich wie Straßenköter. Daß sich deutsche Kinder für sie interessieren und einen weiten Weg für den Besuch in Kauf nehmen, steigere die Selbstachtung dieser Straßenkinder in ungeahntem Maß. Die deutschen Kinder wiederum lernen die eigene Position schätzen und bekommen ein ganz neues Gespür dafür, was wichtig ist im Leben und was nicht. Manche der Kinder zum Beispiel bringen als Gastgeschenk verschiedenes Spielzeug mit – und begreifen im selben Moment, in dem sie es überreichen, wie unwichtig solcher Luxus für Kinder ist, die jeden Tag darum kämpfen müssen, etwas in den Magen zu bekommen.

Zurück in Deutschland, entwickeln die Kinder, die mit Axel Brümmer und Peter Glöckner unterwegs waren, zumeist vielfältige Aktivitäten, um ihren Mitschülern die Lebensverhältnisse in Bolivien zu verdeutlichen, sie veranstalten Projektwochen oder halten öffentliche Vorträge, in Saalfeld kamen zu solchen Veranstaltungen schon über 300 Besucher.

Die jährlichen Kinder-Begegnungen in Bolivien sind nur eines von insgesamt 17 wohltätigen Projekten, die Axel Brümmer und Peter Glöckner als Konsequenz der Erfahrungen ihrer Reisen auf die Beine gestellt haben. Eine weitere große Aktion ist das Thüringer Diawochenende *in Saalfeld, eine Art Messe, bei der, immer am letzten Januar-Wochenende, Referenten aus ganz Deutschland Vorträge halten und Hilfsvereine ihre Arbeit vorstellen. Bis zu 2.600 Gäste kommen an diesen Wochenenden nach Saalfeld – ein Gewinn für die thüringische Stadt ebenso wie für die wohltätigen Vereine, die sich dort präsentieren können.*

Daß Axel Brümmer und Peter Glöckner mit ihren Projekten der Gesellschaft von Nutzen sind, steht außer Frage. Natürlich ist nicht jeder so engagiert wie sie; es gibt aber keinen Abenteurer, der nicht die Lehren aus seinen Reisen in der ihm eigenen Weise an die Gesellschaft weitergeben würde. Daß es die meisten gegen Geld tun, schmälert den Wert nicht: Jeder Mensch, der eine gesellschaftliche Funktion erfüllt, denkt dabei auch an eine Entlohnung, nur im Idealfall bedeutet ihm die Freude an der Tätigkeit mehr als der eigentliche Verdienst. Vielleicht ist das sogar der eine große Unterschied zwischen dem Beruf des Abenteurers und den meisten anderen Berufen: Die Abenteurer haben es geschafft, Broterwerb und Vergnügen zu kombinieren.

Moderne Stammeskundschafter

Der Metzger liefert der Gesellschaft Fleisch und Wurst, der Bäcker Brot, der Abenteurer Bilder und Geschichten. Mögen diese Bilder und Geschichten auch noch so ausgefallen sein, solange der Abenteurer ein Publikum findet, besteht offenbar ein Bedarf danach.

So wie Bäcker und Metzger wissen, daß sie ihren Kunden nicht nur ein Geschmackserlebnis bieten, sondern ihr Überleben sichern, so sind auch die meisten Abenteurer davon überzeugt, daß sie über bloße Unterhaltung und Zerstreuung hinaus zur Gesunderhaltung der Gesellschaft beitragen, also nicht nur sinnlos mit Eindrücken sättigen, sondern auf seelisch-geistiger Ebene nähren.

Jeder Mensch hat ein Bedürfnis nach Information, aber nicht jeder kann losmarschieren, um sich die Neuigkeiten, nach denen er sich sehnt, aus erster Hand zu beschaffen. Die Funktion der Stammeskundschafter erfüllen heute unter anderem die Auslands-Korrespondenten der Medien Zeitung, Rundfunk, Fernsehen: Das fremde Land, das fremde Volk, das fremde Ereignis wird durch den Journalisten mit den Augen des Volkes, das ihn entsandt hat, erfaßt, übersetzt, hinterfragt, interpretiert, via Satellit heimgetragen und dort an die Horde, das Massenpublikum weitergegeben.

Dirk Thiele bezweifelt, daß bei diesem Prozeß die verständliche, neutrale Aufbereitung im Vordergrund steht. Als er bei einer seiner Reisen durch Mexiko größere Unruhen erlebte und seine Eindrücke später mit den Berichten in deutschen Zeitungen verglich, habe er festgestellt: »Die Berichterstattung in Deutschland hatte nichts mit den tatsächlichen Geschehnissen vor Ort zu tun – da sah alles total anders aus.«

Daß die wenigsten Nachrichten in Deutschland ankommen, ohne verändert worden zu sein, und sei es auch nur durch Aufbauschen sensationeller Details oder Weglassen allzu komplexer Hintergrund-Information, daß Ereignis und Berichterstattung also zuweilen allenfalls Berührungspunkte haben, hat fast jeder Abenteurer festgestellt. Nicht daß ihre eigenen Reiseberichte weniger einseitig wären. Gerade wer als Fotograf seinen Lebensunterhalt mit Diaschauen verdient, hat gar keine andere Wahl als »die schönstmögliche Version des Landes« einzufangen, wie es sich Sigrid Wolf-Feix zu einem ihrer Ziele gemacht hat.

Doch gerade durch die selektive Dokumentation der stillen Schönheiten von Ländern, die sich durch den Fokus der Medien in den Köpfen der Nachrichten-Konsumenten in ihrer Gesamtheit als Katastrophengebiete festgesetzt haben, schafft der weltreisende Geschichtenerzähler ein Gegengewicht, das zum korrekten Gesamteindruck beiträgt. So ist es Michael Martin ein Anliegen, seinen Zuschauern ein Afrika ohne Hunger und Krieg zu zeigen. Klaus Beer, der sich in seiner Eigenschaft als Filmemacher als leibhaftige Informationsquelle betrachtet, will landschaftliche und kulturelle Höhepunkte einfangen, aufbereiten und an andere weitergeben. Was er selbst nicht als Höhepunkt einschätzt, findet sich im Film nicht wieder.

Gerade diese sehr persönliche Sicht des Reisenden scheint willkommen zu sein. Die Zuschauer könnten das Land selbst besuchen, oder sie könnten sich Informationen und Bilder darüber aus Büchern, Zeitschriften, aus dem Fernsehen oder Internet beschaffen. Im ersten Fall wären die Eindrücke unmittelbar, im zweiten nüchtern und anonym. Das Angebot des Abenteurers liegt genau dazwischen, dank ihm muß man keine eigene Expedition wagen und hat doch ein persönliches Reise-Erlebnis: Der Abenteurer nimmt sein Publikum mit sich, man kann ihm dabei nah sein und ihm Fragen stellen – so wie vor Jahrtausenden die Horde am Lagerfeuer ihrem Kundschafter.

Ein Ur-Erlebnis ist ein solcher Vortrag aber noch aus einem anderen Grund: Der wahre Abenteurer, einer, der nicht nur Bilder zeigt oder spektakuläre Eigenleistungen propagiert, ist bei seinen Reisen auch ein bißchen dem auf der Spur, was das Menschsein einmal ausmachte. Die Zuhörer mögen ihr klimatisiertes Büro und ihr kuscheliges Bett nicht missen wollen, es fasziniert sie doch, von einem zu hören, der freiwillig allen Annehmlichkeiten entsagt, sich Wind und Wetter aussetzt und, wie vor Jahrtausenden, extrem gegensätzliche Erfahrungen macht. Nur wer am Verdursten war, kennt das Hochgefühl, ein Glas Wasser an die Lippen zu setzen. Nur wer um sein Leben fürchten mußte, wird künftig jede Minute davon genießen. Durch das Auf und Ab in unzivilisierten Gebieten, so die Botschaft, kann man zu natürlichen, vernünftigen Wertigkeiten zurückfinden. Wer nie verzichten mußte, kann nicht wissen, wie erhebend es ist, auch nur das Geringste zu bekommen. Was der Abenteurer weckt, indem er solche Erfahrungen weitergibt, ist eine Art Heimweh nach einer fernen Heimat, die man zwar gerade wegen ihrer Unwirtlichkeit verlassen hat und in die man auch gar nicht zurückwill, nach der sich jeder Mensch aber doch auch ein bißchen noch sehnt.

So erfährt das Publikum vom Abenteurer mancherlei Nutzen. Aber auch der Abenteurer wird erst durch ein Publikum, was er ist, er kann ohne ein Publikum nicht sein – und das nicht nur des Geldes wegen: Ohne die Anerkennung aus der Welt, der er auf Zeit den Rücken kehrt, fehlte so manchem Reisenden der Rückhalt. Andreas Pröve geht sogar so weit zu behaupten, der Abenteurer fühle sich ohne Bewunderung wertlos. Auch Rüdiger Nehberg vermutet: »Wenn absolut jeder meine Reisen idiotisch fände und mir deswegen aus dem Weg ginge, würde ich sie wohl nicht machen.«

Natürlich gib es Abenteurer, Hans Memminger ist einer von ihnen, die in ihrer Tätigkeit vor allem eine Auseinandersetzung mit sich selbst sehen. Doch auch solche, die keinen direkten Kontakt zu einem Publikum suchen, kommen nicht daran vorbei, den gesellschaftlichen Nutzen ihrer Tätigkeit herauszuarbeiten. Wolfgang Uhl ist einer der wenigen Profi-Abenteurer, die es geschafft haben, ihren Traum zu leben, ohne auf Vortragstournee zu gehen. 17 Jahre lang war er auf Sponsoren und Einnahmen aus seinem Outdoor-Geschäft angewiesen – von seinen überwiegend völkerkundlich-nüchtern gehaltenen elf Büchern hätte er nicht leben können. Gerade diese Bücher aber führten ihn zu einer Tätigkeit, die seinem Lebenstraum, als Expeditions-Abenteurer zu bestehen, sehr nahe kommt: Im Alter von 36 Jahren wurde Wolfgang Uhl Expeditionsleiter des Hessen Fernsehens für die Serie *Länder – Menschen – Abenteuer*. Es ist nicht er, der die Geschichten dieser Fernsehdokumentationen an das Publikum weitergibt. Und doch wären die Dreharbeiten ohne seine Vorbereitungen, seine Kontakte, seine Vermittlung, Beratung und Betreuung nicht möglich.

Die Gesellschaft, so sagt der Südtiroler Grönland-Experte Robert Peroni, braucht den Extremen als Herausforderung. Der Normalbürger werde durch ihn angegriffen und hochgeschaukelt gleichermaßen. Jeder Mensch habe ein Bedürfnis nach spektakulären Informationen, aber nicht, um sich an mehr oder weniger wahnwitzigen Taten zu weiden, sondern um einen Pfad nach innen gelegt zu bekommen und, indem er den Wegen des Abenteurers geistig folgt, zu den eigenen Lebensquellen zu finden.

Ein Abenteurer mag sich noch so ausgefallenen Projekten aussetzen und dafür noch so viel Kopfschütteln ernten – er steht gewiß nicht außerhalb der Gesellschaft, sondern ist, durch die Lehren, die er zieht und an andere weitergibt, ein unverzichtbarer Teil von ihr. Umgekehrt sehnen sich Abenteurer danach, wie jeder andere Mensch auch, Leistungen zu erbringen, die nicht nur sie selbst erheben, sondern in deren Glanz sie sich auch sonnen können. Nur als Teil einer Gemeinschaft kann der persönliche Sieg zum wirklichen Erfolg werden.

ERFOLGREICH AUCH BEI MISSERFOLG

Was der Abenteurer sich unter Erfolg vorstellt, hat fast immer mit dem Publikum zu tun. Für Peter Gebhard ist es der persönliche Kontakt zu seinen Zuschauern, daß sie annehmen, was ihm wichtig ist, daß bei ihnen, im Wortsinn, etwas »erfolgt« – und daß sie daher beim nächsten Vortrag aus echter Überzeugung wiederkommen. Christina Haverkamp empfindet es als »saugutes Gefühl«, von ihren Vorträgen leben und dabei noch den Yanomami helfen zu können. Eine ebenso wichtige Bestätigung ist es ihr, daß ihre Frauen-Survivalkurse immer ausgebucht sind und daß bei ihren Vorträgen, obwohl nicht gerade leichte Kost, bis zu 300 Schüler mucksmäuschenstill zuhören, danach eifrig diskutieren und meist auch eigene Initiativen zur Rettung der Indianer starten. Christina Haverkamp will sensibilisieren und aktivieren, will auf Probleme hinweisen, die in den Medien und erst recht in Diavorträgen in der Regel verschwiegen werden – ganz schlimm wäre es für sie, wenn ihre Zuhörer nach einem Vortrag einfach gingen, ohne Fragen gestellt und damit den Versuch gemacht zu haben, tiefer in das Thema einzudringen.

Auch bei anderen Abenteurern liegt der Erfolg, unabhängig von Vorträgen, im persönlichen Umgang mit Menschen – und durchaus schon allein darin, von einer gefährlichen Reise unbeschadet zurückzukehren. Für Andreas Pröve ist es der Höhepunkt seines Reiselebens gewesen, es geschafft zu haben, den Ganges so zu bereisen, wie er es sich vorgenommen hatte. Selbst wenn er die Quelle und damit sein zentrales Ziel nicht erreicht hätte, sagt er, würde das den Erfolg nicht geschmälert haben.

Als Aussteiger kann es sich Thomas Mack erlauben, sein Verständnis von Erfolg völlig vom Reisen abzukoppeln. Bezogen auf sein eigenes Leben hat er den größtmöglichen Sieg schon erreicht: Niemand kann ihm sagen, wie er sich seine Zeit einzuteilen hat, keiner kann ihm Druck geben. In zwei Stufen hat er sich diesen persönlichen Erfolg erarbeitet: indem es ihm gelungen ist, sich in 20 Jahren Arbeit so weit abzusichern, daß er auf ein monatliches Einkommen nicht mehr angewiesen ist; und zweitens, indem er sich frei gemacht hat von der Sorge darum, was »die anderen« über ihn denken oder reden könnten. Ob er für seine Lebensweise bewundert oder verachtet wird, es ist ihm egal. Da er sein eigenes Leben führt, wie er es sich immer vorgestellt hat, sucht er Erfolgserlebnisse jetzt in Zusammenhang mit anderen Menschen. Erfolg ist für Thomas Mack, sein Patenkind auf die rechte Bahn zu bringen, Zeit für Freunde und Bekannte zu haben, die ihn brauchen, anderen unaufgefordert zu helfen.

So sieht es auch Rüdiger Nehberg. Abgesehen von dem persönlichen Erfolg, bisher alle Gefahren überlebt zu haben, ist er stolz vor allem darauf, daß er den Yanomami helfen konnte, unter anderem indem er Geld für Medikamente und eine Krankenstation gesammelt und ihr Schicksal weltweit bekannt gemacht hat. Umso bedeutender ist ihm dieser Erfolg, weil es ihm gelungen ist, dafür nicht über Leichen gehen zu müssen: Es gebe niemand, dem er nicht in die Augen sehen könne. Alois Hofmann bringt den Gedanken auf den Punkt: »Erfolg heißt für mich, so zu leben, daß man sich nach meinem Tod gern an mich erinnert.«

Natürlich gibt es neben uneigennützigen Zielen immer auch Eigeninteressen und damit handfeste Erfolgskriterien. Bruno Baumann ist es wichtig, einer der wenigen Abenteurer zu sein, die sich die Wüste als Medium und Tibet als Kulturraum erschlossen haben. Mit diesem Land haben auch seine künftigen großen Ziele zu tun: Bruno Baumann plant, obwohl er damit nicht der erste sein wird, die Gesamtdurchquerung Tibets, eine Wanderung von 1.500 Kilometern Länge quer über die höchsten Gebirge und durch weitläufige unbewohnte Landstriche. Als größten übergeordneten Erfolg seines Lebens betrachtet es Bruno Baumann, daß er sich seine Jugendträume aus eigener Kraft erfüllt hat.

Hans Memminger will von seinen Reisen mit vielen Erkenntnissen zurückkehren und andere Menschen berühren. In der Zeit der Nachbearbeitung verbringe er Monate wie ein Einsiedler am Schneidetisch. Obwohl er diese Arbeit vor allem für sich selbst mache – danach brauche er trotzdem auch Streicheleinheiten in Form von Applaus seines Publikums, nur daraus schöpfe er die Motivation für ein neues Projekt. Eine besonders tiefe Befriedigung ist es ihm, daß sein Film über eine frühe Kajak-Tour durch Colorado auch nach 20 Jahren noch auf großes Interesse stoße, daß die Leute den Film sogar heute erst richtig begreifen.

So sehr es auch Thomas Kropff ein Anliegen ist, sich bei seinen Reisen weiterzuentwickeln, der Erfahrungsgewinn allein genügt ihm nicht. Offen wie kein anderer aus seiner Branche gibt er zu, daß er »sauer wäre, wenn nur 30 Leute zu einem Vortrag kämen«. Nicht oder nicht nur wegen der Einnahmen – bei 300 Zuschauern sei man einfach ganz anders motiviert.

Daß der materielle Erfolg bei ihm und wohl den meisten seiner Kollegen immer nur eine Nebenrolle spielt, liegt für Arved Fuchs daran, daß man in den Beruf des Abenteurers von Anfang an mit dem Bewußtsein geht, daß man reich damit nicht werden kann. Als er die Entscheidung traf, nicht Tierarzt sondern professioneller Seemann und Polar-Wanderer zu werden, da wußte Arved Fuchs, daß sein Weg auch sinnbildlich über dünnes Eis führen und daß er bestenfalls genug verdienen würde, um Essen, Kleidung, Miete bezahlen und die nächste Reise finanzieren zu können. Auch und gerade für alle, die heute vor der Entscheidung stünden, sei das nicht anders: Wem es ums Geld geht, meint Arved Fuchs, der sollte sich einen anderen Beruf suchen.

Doch auch wer Anerkennung als wichtigsten Lohn empfindet, sollte seine Berufswahl gründlich überdenken. Denn es kann sehr lange dauern, bis der Nachwuchs-Abenteurer sich über einen ersten Publikumserfolg freuen darf. Sollte es ihm nicht gelingen, sich eine neue Nische zu schaffen oder mit einem Medienknaller durchzustarten, kann er sich sicher sein, daß ihn in der Anfangszeit drei prägende Eindrücke erwarten, und zwar Verständnislosigkeit im Familienkreis, völliges Desinteresse möglicher Sponsoren und leere Vortragssäle. Was den Berufsweg des Abenteurers von normalen Erwerbstätigkeiten unterscheidet, ist: Es gibt keine Ausbildung, es gibt keinen vorgegebenen Berufsweg. Wie man Abenteurer wird, läßt sich immer nur am Einzelfall und im nachhinein beantworten. Orientierung für all diejenigen, denen dieser Weg noch bevorsteht, erwächst daraus nur sehr bedingt, denn außer einem unerschütterlichen Glauben an sich selbst, Durchhaltevermögen, Mut und Ideen braucht der Abenteurerlehrling vor allem Glück – und das kommt meist durch die Hintertür und für jeden in anderer Gestalt.

Warum Abenteurer werden wollten, was sie heute sind, und wie sie es wurden, das ist zuweilen spannender als es die späteren Reise-Erlebnisse sind.

2. KAPITEL

WIE WIRD MAN ABENTEURER?

SO WIRD MAN ABENTEURER*IN*

Die unlösbare Prüfung

Rüdiger Nehberg formulierte es als Aufgabe, meinte es aber als Absage. Um nicht weiter von Christina Haverkamp bekniet zu werden, sie zu einer seiner Expeditionen zu den Yanomami-Indianern mitzunehmen, dachte er sich eine Prüfung aus, die ihm unlösbar schien: Christina Haverkamp sollte aus dem Tower des Flughafens von Boa Vista die sagenumwobene Landkarte beschaffen, auf der die 120 illegalen Dschungel-Landepisten der Goldgräber, der Hauptfeinde der Yanomami, eingezeichnet sein sollten – würde ihr das gelingen, könnte sie ihn zu den Yanomami begleiten. Mit einem Erfolg Christinas allerdings rechnete Rüdiger Nehberg nicht. Er war sicher, sie mit seiner unlösbaren Prüfung abgewimmelt zu haben.

Christina Haverkamp dagegen betrachtete den Test als kleine Nebenaufgabe auf dem Weg zu ihrem Ziel. Per Segelschiff war sie von Norddeutschland nach Südamerika getrampt, um den brasilianischen Regenwald und seine Ureinwohner, die Yanomami, kennenzulernen. Rüdiger Nehberg, den sie von einem Survivalkurs her kannte, begegnete sie dabei zufällig in einer deutschen Bäckerei in Manaos. Und da lag es für sie nahe, sich ihm auf dem Weg zu den Indianern anzuschließen. Auf seine Prüfung ließ sie sich ein, obwohl sie zu diesem Zeitpunkt keine Ahnung hatte, wie sie an die Karte herankommen sollte – aber sie hatte auch keine Zweifel daran, daß sie es irgendwie schon schaffen würde.

Umgehend machte sich Christina Haverkamp auf den Weg zum Flughafen von Boa Vista, pirschte sich an den Tower heran – und stellte fest, daß der Bewacher dem Einschlafen nahe war. Also besorgte sie ihm einen Becher Kaffee und eröffnete mit dieser freundlichen Geste ein Gespräch. Sie schwindelte dem Bewacher vor, sich auf die Prüfung für den Pilotenschein vorzubereiten – und da war es für ihn Ehrensache, sich für den Kaffee mit einer Besichtigung des Towers zu revanchieren. Damit war ein wichtiges Teilziel erreicht: Christina Haverkamp bekam Zugang zu der Karte mit den illegalen Landepisten. Aber wie sollte sie diese Karte an sich bringen?

Auch von den Flugüberwachern im Tower wurde die deutsche Besucherin freundlich und ohne Argwohn aufgenommen. Die Männer plauderten und scherzten mit ihr und gingen voll mit, als sie anfing zur Radiomusik zu tanzen. Niemand wurde mißtrauisch, als sie, zur Erinnerung an die kleine spontane Party, ein paar Fotos machen wollte. Daß mit den Tanzenden auch die geheime Karte abgelichtet wurde, fiel keinem auf. Und es kam noch besser.

Als ein Versorgungsflugzeug die Startgenehmigung für einen Flug zu einem der illegalen Goldgräber-Camps einholte, wurde Christina Haverkamp aufgefordert, den Piloten zu begleiten, um sich für ihre vermeintliche Flugprüfung ein paar praktische Tips zu holen. Obwohl dieser Flug hätte ernsthaft gefährlich werden können, wenn der Pilot mit ein paar technischen Fragen ihre Lüge zu Fall gebracht hätte, sagte Christina Haverkamp spontan zu – Neugier und Abenteuerlust waren einfach größer als die Angst, daß ihr bei unvorhergesehenen Schwierigkeiten niemand hätte helfen können.

Doch auch bei diesem Ausflug in die Welt der Goldgräber-Mafia hatte Christina Haverkamp Glück. Und so konnte sie Rüdiger Nehberg am nächsten Tag nicht nur mit Fotos der geheimen Landkarte verblüffen, sondern auch mit detaillierten Schilderungen über den Alltag der Goldgräber. Rüdiger Nehberg war damit klar, daß er sich mit Christina Haverkamp keine Last einhandeln , sondern daß er mit ihr, im Gegenteil, eine findige, mutige und kompetente Partnerin gewinnen würde, eine Reisegefährtin, die im Notfall auch allein zurechtkäme. Und so nahm er sie mit zu seiner Expedition.

Durch dieses Urwald-Abenteuer mit Rüdiger Nehberg, durch die Bücher und Vorträge, die der Reise folgten, wurde Christina Haverkamp erstmals bundesweit bekannt. Als den Beginn ihres Lebens als Abenteurerin betrachtet sie die Partnerschaft mit Rüdiger Nehberg indes nicht, und auch die Erfüllung der unlösbaren Aufgabe sei kein Schlüsselerlebnis für sie gewesen.

Schon im Alter von 16 Jahren hatte sie zu trampen begonnen. Sehr zum Leidwesen ihrer Mutter, die nicht nachvollziehen konnte, was an dieser Art des Reisens so faszinierend sein sollte. Christina Haverkamp folgte dem Reiz des Neuen, wollte Menschen kennenlernen, mit wenig Geld durch die Welt kommen, ihren Horizont erweitern; die Mutter sah nur die Gefahren und war zudem der Meinung, es sei gescheiter, sich voll auf die Karriere zu konzentrieren: Christina war das einzige der vier Haverkamp-Kinder, das Abitur machte und studierte. Für die Mutter war klar, daß dieses Lehramtsstudium in den Fächern Sport und Mathematik nach dem Examen in ein Beamtendasein mit sicherem Gehalt münden mußte.

Daher war der Widerstand groß, als Christina Sonderwege einschlug, die so gar nicht zu dem geplanten Karriereverlauf passen wollten. So hielt es die Mutter zunächst für einen Scherz, daß ihre Tochter vorhatte, sich ein Jahr lang in Südamerika herumzutreiben. Bis zum Aufbruch glaubte sie nicht an die Reise; und als es dann doch so weit kam, weinte sie bitterlich, denn sie war der Überzeugung: »Die machen dort Hackfleisch aus dir!«

Um ihre Mutter zu beruhigen, versprach Christina, jede Woche zu schreiben. Wie sie später erfuhr, verfolgte die Mutter anhand dieser Briefe den Reiseweg aufmerksam mit. Groß war die Erleichterung, als die Tochter unversehrt zurückkam, das Studium durchzog und ihr Examen machte. Und umso größer das Entsetzen, als Christina verkündete, es damit genug sein zu lassen und auf ein Referendariat zu verzichten.

Mit der Südamerika-Reise nämlich hatte sich viel geändert. Zum Beispiel hatte Christina Haverkamp mit Erstaunen festgestellt, daß sie nach dem einen Jahr Sprachpraxis das Spanische besser beherrschte als Englisch nach acht Jahren Schule. Damit war für sie jegliche Theorie uninteressant geworden, sie wollte sich weiteres Wissen in der Praxis aneignen, sie wollte die Welt kennenlernen.

Christina Haverkamp ließ sich treiben. Sie zog als Pantomimin durch Europa, arbeitete an einem Projekt mit schwer erziehbaren Kindern, unternahm Kajaktouren mit drogenabhängigen Jugendlichen, organisierte Frauen-Survivalkurse, lebte während der ganzen Zeit nicht in einem festen Haus, sondern in einem Bus. Sie jobbte als Kellnerin und sparte ihr Trinkgeld für ein eigenes Segelschiff, unternahm – allein oder mit einer Kameradin – ausgedehnte Reisen in den Norden, provozierte damit in den großen Häfen immer wieder die Frage: Wo ist denn der Kapitän? Daß da zwei Frauen allein über die Meere segelten, ging den Seeleuten über ihren Horizont. Doch die Gewässer um Stockholm und Finnland waren für Christina Haverkamp nur der Auftakt. Bald darauf überquerte sie auf einem Segelschiff den Atlantik, traf in Brasilien auf Rüdiger Nehberg, besuchte mit ihm die Yanomami. Erst mit dieser Expedition im Jahr 1990, erst durch den Kampf für die Lebensrechte der Indianer bekam ihr Leben eine gewisse Kontinuität. Zuvor hatte Christina Haverkamp nicht viel über Geld und einen beruflichen Werdegang nachgedacht. Schließlich, so sagt sie, sei Deutschland ein Land, in dem man auch mit noch so wenig Barem nicht verhungern könne, materielle Bedürfnisse hatte sie nicht – also konnte sie es sich leisten, in den Tag hinein zu leben. Nach der Brasilienreise hielt sie erste Diavorträge vor Freunden, und die erst brachten sie darauf, daß man damit auch Geld verdienen könnte. Rüdiger Nehberg zeigte seiner Reisegefährtin, wie man einen Vortrag professionell gestaltet, und so begann sie, durch Schulen, Universitäten und Gemeindehäuser zu tingeln. 1992 überquerte Christina Haverkamp mit Rüdiger Nehberg im Bambusfloß den Atlantik, um darauf aufmerksam zu machen, daß man den 500. Jahrestag der Entdeckung Amerikas vor allem auch als den 500. Jahrestag des Beginns der Indianer-Ausrottung betrachten sollte. Die Premiere ihres Diavortrages über diese einjährige Reise fand vor großem Publikum statt. Unter den 600 Gästen saßen, ganz vorne in der ersten Reihe, ihre Eltern. Als sie am Ende des Vortrages auch ihnen für alles dankte und sie mit Applaus bedacht wurden, da sei die Mutter rot geworden vor Stolz. Inzwischen hatte die alte Dame reichlich Bestätigungen für ihre Ängste bekommen: Ihre Tochter hatte sich bei den zurückliegenden Abenteuern Malaria tropica geholt, lag schon im Delirium und wurde im letzten Moment gerettet, sie war von Goldsuchern überfallen und tagelang gefangengehalten worden, und sie war zusammen mit Rüdiger Nehberg auf dem Bambusfloß in die Ausläufer des Hurricanes Andrew geraten. Nach jahrelangem Widerstand gegen die unangepaßte Lebensweise Christinas sagte die Mutter jetzt aber zum ersten Mal: »Egal, was du machst, Hauptsache du bist glücklich.«

Christina Haverkamp ist eine der ganz wenigen Frauen, die sich als Profi-Abenteurerinnen bezeichnen können. Bei ihren Projekten mit Rüdiger Nehberg war sie nie Anhängsel, sondern immer voll an allem beteiligt, gerade bei der Vorbereitung der Floßfahrt und während der Überfahrt waren ihre Segelerfahrungen unverzichtbar. Zwar steht bei ihr die Menschenrechtsarbeit im Vordergrund, seit sie 1990 Aktivistin der Gesellschaft für bedrohte Völker geworden ist, und zwar konzentriert sie sich inzwischen auch mehr auf langfristig angelegte Hilfsprojekte wie den Aufbau von Yanomami-Krankenstationen als auf spektakuläre Aktionen, aber das Abenteuer ist ihr als Spannungsmoment dieser Hauptarbeit doch weiter unverzichtbar. Warum fast keine Frauen sich als Berufs-Abenteurerinnen durchsetzen, hat für sie mehrere Gründe: Frauen stünden nicht so gern im Mittelpunkt; die Abenteuer von Frauen seien für die Medien weniger interessant, sie müßten daher deutlich besser sein und spannendere Geschichten liefern als Männer; für Frauen sei es früher nötig und weit wichtiger, sich über Familienplanung Gedanken zu machen. Gerade der letzte Aspekt entscheide radikal über die Gestaltung eines Frauenlebens, Kinderwunsch und Abenteuerlust seien bei Frauen unvereinbar: Sie selbst, sagt Christina Haverkamp, hätte ihre Reisen niemals machen können, würde sie sich für eine Familie entschieden haben.

Zurückhaltung bei der Öffentlichkeitsarbeit, Fehleinschätzung der Medien und die Notwendigkeit einer klaren Entscheidung für oder gegen eine Familie – darin sehen auch die männlichen Kollegen Christina Haverkamps die Hauptgründe dafür, daß Frauen in ihrer Branche so unterrepräsentiert sind. Tilmann Waldthaler hat seine eigene Frau in der Wüste Sahara kennengelernt, sie war dort allein mit dem Fahrrad unterwegs. Warum dann *er* aber mit der gleichen Leistung bekannter ist als sie? »Weil sie keine Diavorträge halten oder Verträge mit Sponsoren aushandeln will.«

Auch Thomas Kropff kann aus Erfahrung sprechen, ist er doch meist im Team mit seiner Freundin Silke Hofmann unterwegs. Die Reiselust ist bei beiden gleich ausgeprägt; doch Silke Hofmann hat einerseits nicht das geringste Bedürfnis, ihre Erlebnisse vor einem größeren Publikum auszubreiten, andererseits strebt sie langfristig nach Sicherheit, will eine Familie gründen und in einem bürgerlichen Beruf arbeiten. Abenteuer als dauerhafte Einnahmequelle – das steht für sie außer Frage. Deshalb macht sich Silke Hofmann gar keine Gedanken darüber, ob sie dafür qualifiziert wäre.

Sigrid Wolf-Feix macht sich diese Gedanken nicht nur, sie versucht seit Jahren, sich im Vortragsgeschäft durchzusetzen. Ihrer Meinung nach hat es vor allem mit gesellschaftlichen Vorurteilen zu tun, daß Frauen es als Profi-Weltreisende nicht nur schwerer haben als Männer, sondern sich auch so selten zu diesem Berufsweg entschließen. Denn nach wie vor würden die Mädchen mit den gleichen Worten auf typische Frauenrollen hin erzogen, die sie selbst hören mußte, wenn sie als Kind auf Kirschbäume kletterte: »Ein Mädchen macht sowas nicht!« Bruno Baumann vermutet zudem, daß abenteuerliche Leistungen von Frauen in der Männerwelt gezielt unterdrückt werden. Nur zum Teil führt er den Mangel an Kolleginnen auf angeborene Unterschiede zurück: »Frauen gehen nicht so gern in die Öffentlichkeit, und es geht ihnen auch nicht darum, ein vordergründiges, profanes Abenteuer zu erleben. Sie wollen, wie Christina Haverkamp es tut, einem tieferen Sinn folgen.« So sieht es auch Hans Memminger: »Frauen sind schöpferischer, ruhen mehr in sich selbst. Sie haben gar nicht die seelische Veranlagung und Motivation, sich in wilde Abenteuer zu stürzen.« Unabhängig davon, daß sie bei Frauen andersgelagerte Motivationen vermuten: Es gibt keinen männlichen Abenteurer, der seinen Kolleginnen nicht die gleichen Leistungen zutrauen würde – und sogar Erfolge, die Männern verwehrt bleiben, sofern sie es als Vorteil nutzen, eine Frau zu sein. Christina Haverkamp hat es bewiesen, indem sie im Tower von Boa Vista durch gezielt zur Schau getragene weibliche Harmlosigkeit die Karte geholt und damit geschafft hat, was sich selbst Deutschlands Abenteurer Nummer 1 nicht zugetraut hätte. Ihre Feuertaufe als Abenteurerin hatte sie damit bestanden, aus eigener Kraft, durch eigene Raffinesse. Dadurch war es für sie – relativ! – leicht, in der Männerdomäne Abenteuer Fuß zu fassen. Leichter jedenfalls, als für manchen männlichen Abenteurer-Anwärter.

SCHLÜSSELERLEBNISSE

Kulturschock

Harald Schwindl könnte schon seit Jahren ein beschauliches Leben führen. Er könnte es sich in einer großzügigen Wohnung, auch in einem eigenen Haus gemütlich machen, täglich im Auto zur Schule fahren, unterrichten – und die ausgedehnten Ferien des Lehrerdaseins nutzen, um luxuriöse Studienreisen zu unternehmen.

Stattdessen aber hauste Harald Schwindl lange Zeit in den allereinfachsten Unterkünften, besaß statt eines Autos nur ein geborgtes Fahrrad, fährt immer wieder Zwölf-Stunden-Schichten Taxi, sieben Tage in der Woche, gönnt sich keinen Luxus, keine Hobbys, lebt nur für eine Leidenschaft: Immer dann, wenn genug Geld beisammen ist, bricht er auf nach Afrika, um sich in den Ländern des riesigen, übervölkerten Kontinents so lange durchzuschlagen, bis er pleite ist und nach Deutschland zurückkehren muß.

Harald Schwindl hat den Schlußstrich unter ein sicheres, bequemes Leben als Grundschullehrer gezogen, bevor er diesen Beruf in der Praxis kennengelernt hat, wohl wissend aber, wie er versichert, was auf ihn zugekommen wäre. Und dieses Leben, das ihn als Lehrer erwartet hätte, geregelt, überschaubar, eintönig, habe er nicht gewollt – habe er nicht länger gewollt, seit er als Student im Sommer 1991 erstmals afrikanische Luft atmete.

Drückende Äquator-Schwüle, totale Verlorenheit in ameisenhaufengleichem Menschengewimmel, Aufdringlichkeit, Bettler, die einem auf Beinstümpfen hinterherkriechen – der Kulturschock nach seiner Landung in Kinshasa, der Hauptstadt Zaires, trifft Harald Schwindl hart, überfordert ihn anfangs. Doch rasch lernt der Student, sich mit den Verhältnissen dort zu arrangieren. Damit zum Beispiel, daß man eine Bootsfahrt auf dem Kongo bucht, zwei Wochen auf die Abfahrt wartet – und dann hinnehmen muß, daß die Reise einfach so abgesagt wird.

Harald Schwindl und sein Begleiter planen um, wollen mit dem Flugzeug nach Ost-Zaire starten. Doch auch Flugreisen gestalteten sich in Kinshasa nicht so, daß man bucht, einsteigt und abhebt. Zwei-

Dieser Schlangen-Angriff unterwegs ging ohne Würge-Umklammerung aus. Rüdiger Nehberg hat sich, siehe Einführung, aber auch schon mal absichtlich zu Hause von einer Schlange angreifen und umklammern lassen, nur um zu testen, wie sich der Würgegriff anfühlt.

Auf einem Baumstamm ließ sich Rüdiger Nehberg über den Atlantik nach Brasilien treiben. Das Foto entstand beim Stapellauf vor dem Hamburger Rathaus.

Oben: Um ungestört in einem Goldgräber-Lager recherchieren zu können, gab Rüdiger Nehberg sich selbst als Goldsucher aus. Unten: Die Durchquerung der Wüste Danakil war eines der spektakulärsten Abenteuer Rüdiger Nehbergs.

Oben: Bei der Durchquerung des El Darién wurde Thomas Kropff (links) entführt.
Unten: Heinz Kallin betreute zehn Jahre lang die Camel Trophy.

Oben: Arved Fuchs (links) erreichte als erster Mensch beide Pole innerhalb eines Jahres zu Fuß. Unten: Thomas Mack ist oft monatelang in Australien unterwegs.

Oben: Peter Gebhard beim Zeltaufbau in der Eiswelt Patagoniens.
Unten: Michael Martin durchquerte die Wüsten Afrikas mit dem Motorrad.

Beweise totaler Körperbeherrschung: Kickbox-Weltmeister Alois Hofmann läßt sich von seinem Sportkameraden Bodo Daniel mehrere Steinplatten auf dem Rücken zertrümmern und mit dem Schwert eine Melone auf dem Bauch zerteilen.

Oben: Wolfgang Uhls Aufgabe als Expeditionsleiter des Hessen Fernsehens ist es unter anderem, möglichst gefahrlose Anmarschrouten für das Fernsehteam zu finden. Unten: Andreas Pröve bei einer seiner Foto-Touren in Indien.

Marco Kuhlmann in den Wildwasser-Schluchten des Zambazi in Zimbabwe.

Ob Alaska, Indien, Australien oder Neuseeland - es gibt kaum ein Land der Erde, das Klaus Beer noch nicht mit der Kamera bereist hätte.

Bei seiner Camel-Bike-Tour durchquerte Tilmann Waldthaler die Wüsten Australiens abwechselnd per Fahrrad und Kamel.

Hans Memminger bezwang im Kajak die Nordwest-Passage (oben), und er befuhr den Colorado bei Hochwasser (unten).

Als Weltumradler wurden Axel Brümmer (Foto oben) und Peter Glöckner bekannt; bei ihrer jüngsten Reise durchpaddelten sie einen der Nebenflüsse des Amazonas von der Quelle bis zur Mündung (unten).

Oben: Verletzungsfrei durch Glasscheiben springen: Stuntman Dietmar Löffler demonstriert seinen Schülern die richtige Körperhaltung. Unten: Probe für einen Feuerstunt: Dietmar Löffler (rechts) mit einem seiner Schüler.

Christina Haverkamp überquerte mit Rüdiger Nehberg den Atlantik auf einem Floß, um auf das Schicksal des bedrohten Indianerstammes der Yanomami aufmerksam zu machen.

Auf Skiern durch die Wüste: Bruno Baumann.

mal quälen sich die beiden Deutschen umsonst durch die Hölle des Flughafenbetriebes, zahlen Schmiergelder, warten stundenlang bei schweißtreibender Hitze – um dann einmal dem Flugzeug hinterherzuschauen, beim nächsten Mal vor einer defekten Maschine zu stehen.

Statt der Urwälder in Ost-Zaire lernt Harald Schwindl zunächst intensiv den Großstadtdschungel der kaum von Touristen bevölkerten Hauptstadt kennen, die Kontraste zwischen Arm und Reich, die Strapazen schon bei einfachsten Notwendigkeiten, bei der Suche nach einem Hotel zum Beispiel. Wie neugierig, wie kontaktfreudig bis aufdringlich die Afrikaner auf hellhäutige Menschen reagieren, daß es in Zaire unmöglich ist, anonym zu bleiben, das erfahren die beiden Deutschen auch im Osten des zentralafrikanischen Landes: Jeder will etwas, sei es ein freundliches Wort, eine Information, sei es Geld. Privatsphäre gibt es nicht – nicht einmal hinter den Bambus-Latten der Toiletten. Harald Schwindl, den Aufdringlichkeit, Unzuverlässigkeit und Trägheit der Menschen in Zaire zunächst ärgern, entdeckt bald seine Sympathie für die positiven Seiten der afrikanischen Mentalität. Er gewöhnt sich daran, in den Tag hineinzuleben, nicht mehr zu planen, keine überzogenen Erwartungen mehr zu hegen – und erfreut sich stattdessen an dem, was der Augenblick ihm schenkt.

Als der geplante Ausflug in die Bergwelt um Goma endlich gelingt, erwacht zudem die Faszination für die afrikanische Tier- und Pflanzenwelt. Mit dem Zeitverständnis der Einheimischen in Einklang, dank seiner neuen Fähigkeit, den Augenblick zu genießen, wird es für Harald Schwindl zum beispiellosen Erlebnis, sich eine Stunde unter wild lebenden Berggorillas zu bewegen – obwohl er für dieses Abenteuer zwei Tagesreisen zu Fuß und vier Stunden Gewaltmarsch in Kauf nehmen muß.

Daß es Harald Schwindl danach nie wieder gelingen sollte, sich im bundesdeutschen Alltagsleben, in seinem Leben als Student zurechtzufinden, mag an den paradiesischen Augenblicken ebenso gelegen haben wie an den Alpträumen von Bürgerkrieg, Gewalt und Chaos, die er, zurück in Kinshasa, noch durchzustehen hatte. Ausgerechnet am Tag der Abreise brechen Unruhen in der Hauptstadt aus. Harald Schwindl und sein Weggefährte sitzen fest, erleben die totale Plün-

derung der Millionenstadt, Massenflucht und Zerstörung. Innerhalb von Tagen versinkt das Land im Chaos, Militär drängt in Privathäuser, wer sich wehrt, wird erschossen. Nach drei Tagen Hunger wagt es Harald Schwindl, sich auf die Suche nach Nahrung zu machen, wandert durch eine Ruinenstadt, in der es nur noch neugierige Soldaten, aber keine Läden und kein öffentliches Leben mehr gibt, in der man erst nach langer Suche und gegen Wucherpreise ein bißchen Fisch und Brot erstehen kann. Nach »unbeschreiblichen Erlebnissen« in dieser zerstörten Welt werden Harald Schwindl und sein Begleiter schließlich auf dem Umweg über den Nachbarstaat Kongo evakuiert.

Zurück in Deutschland kommt Harald Schwindl nicht mehr klar. Der Klimasturz läßt ihn krank werden, auch nach der körperlichen Genesung bleibt er unzufrieden. Das Fernweh hat ihn gepackt. Allein bricht er ein Jahr später auf zu einer zweiten Afrika-Reise, kehrt zurück, entschließt sich, das Studium zu beenden. Nach einer dritten ausgedehnten Tour durch Zentralafrika weiß Harald Schwindl jedoch, daß er den Beruf, auf den er sich vorbereitet hat, nicht antreten will. Wieder zieht es ihn nach Afrika, mit Studienfreunden überführt er Anfang 1994 Autos von Tunis über Algerien nach Niger und Nigeria, bei einer weiteren Reise lernt er die Gegend um den Victoriasee kennen.

Und dann, endlich, hat er nach Jahren der Orientierungslosigkeit und Selbstzweifel eine Vision, wie er seine Liebe zu Afrika zum Broterwerb machen könnte. Er läßt sich in Nairobi nieder, kauft sich einen VW-Bus und erkämpft sich eine Arbeitserlaubnis, um ins Safari-Geschäft einzusteigen. Der Zufall kommt ihm zu Hilfe: Harald Schwindl lernt Gregor Wilhelmy kennen, einen Landsmann, der seit 20 Jahren in Nairobi lebt. Die beiden Deutschen ergänzen sich in ihrem Bestreben, mit Safaris ihren Lebensunterhalt zu bestreiten.

Doch es erweist sich als schwierig, Touristen für Safaris aufzutreiben, denn Kenia ist nicht gerade ein sicheres Urlaubsland. Der durchschnittliche Monatslohn liegt bei 50 Mark, und dementsprechend hoch ist auch die Kriminalität. In Kenia herrschen zum Teil Verhältnisse wie im Wilden Westen, Viehdiebstahl ist keine Seltenheit, und die Einheimischen greifen auch schon mal zu Pfeil und Bogen, wenn sie sich provoziert fühlen. Harald Schwindl ist jedoch ungeachtet all dessen überzeugt davon, daß man als Tourist relativ ungefährdet ist, wenn man sich nur richtig verhält. Dieses korrekte Verhalten zu vermitteln, falsche Vorstellungen über Afrika zurechtzurücken und die vielfältige Schönheit des Landes zu zeigen, darin sieht Harald Schwindl seine Aufgabe als Safarileiter.

Doch guter Wille bewahrt nicht vor Rückschlägen. Nach mehreren erfolgreichen Safaris mit Touristen aus Europa und Amerika erleidet sein Safarimobil einen Motorschaden. Harald Schwindl muß für weitere Führungen in den Busch fremde Fahrzeuge anmieten, was ihn einen Großteil des Profits kostet. Das Aus allerdings bringen ihm nicht diese unternehmensinternen Schwierigkeiten, sondern politische Unruhen. Zwar ereignen sich die Ausbrüche von Gewalt an der Küste und kaum in der Gegend von Nairobi; doch mit der internationalen Berichterstattung bleiben die Touristen auch in der Hauptstadt aus. So steht Harald Schwindl ohne Auto da, ohne Arbeit und daher bald auch ohne Geld. Es bleibt ihm keine Wahl: Er muß nach Deutschland zurückkehren und wieder als Taxifahrer jobben.

Auch davon läßt er sich nicht entmutigen. Von dem Geld, das er verdient, spart Harald Schwindl sich ein Allrad-Auto zusammen. Mit diesem neuen Safarimobil kehrt er ein halbes Jahr später nach Nairobi zurück und wagt einen Neuanfang. Er führt so manche Touristengruppe und ergattert sogar einen bedeutsamen Auftrag: Anfang 1999 engagiert ihn ein ARD-Fernsehteam als Expeditions-Fahrer. Nach der Expedition fliegt Harald Schwindl einmal mehr nach Deutschland zurück und fährt wieder Taxi. Diesmal allerdings betrachtet er den Job nicht mehr als allerletzten Rettungsanker, sondern als Zubrot: Erstmals seit er sein Unternehmen gegründet hat, ist er finanziell im Plus, hat ein zuverlässiges Fahrzeug und eine feste Wohnung in Nairobi. Und er hat bereits feste Aufträge für die nächste Saison.

Daß sich Harald Schwindl derart durchbeißen mußte, und daß er nach Jahren, trotz kleiner Erfolge, noch immer in der Anlaufphase steckt, liegt natürlich auch daran, daß er sich einen extrem schwierigen Weg gewählt hat. Ob er es je schaffen wird, sich im Safari-Geschäft auf Dauer durchzusetzen, hängt weniger von den eigenen Fähigkeiten ab als von den politischen und sozialen Verhältnissen in Kenia. Ob er sich allerdings leichter tun würde, ginge er den Weg über Bildbände und Diavorträge, auch das läßt sich nicht sagen. Zum einen gibt es mit Michael Martin in der Vortrags-Branche einen unerreichbar brillanten Afrika-Experten, zum anderen kann man nicht einschätzen, ob es Harald Schwindl gelingen würde, ein hinreichendes Publikum für den von ihm bevorzugten Teil Afrikas zu begeistern.

Was das Beispiel Harald Schwindl allerdings sehr deutlich zeigt, ist, wie unvermutet und machtvoll die Sehnsucht nach der Ferne und nach einem Abenteurer-Dasein über einen jungen Menschen kommen, wieviel Selbstzweifel diese unbestimmte Sehnsucht mit sich bringen kann und welches Stehvermögen nötig ist, sich das zu verwirklichen, was man als seine Bestimmung erkannt zu haben meint.

Daß sich auch Abenteurer, die es heute geschafft haben, am Anfang ähnlich hart taten und daß sie viel erleiden mußten, werden wir noch sehen. Zunächst aber ist es interessant zu erfahren, was überhaupt jeweils der Auslöser war, diesen Weg zu gehen, und wie verschlungen mancher Pfad verlief.

Harald Schwindl hatte zwar schon als Jugendlicher eine unbestimmte Sehnsucht nach Afrika, aber erst durch die ungewöhnlichen Eindrücke seiner ersten Afrika-Reise wurde er aus seinem Studenten-Alltag gerissen, es ist, als hätte er sich dabei einen unheilbaren Infekt geholt. Heinz Kallin erging es ähnlich. 1974 lud ein Freund den gelernten Kfz-Mechaniker nach Indonesien ein: »Komm und schau dir das Paradies an.« Heinz Kallin kam als Urlauber, segelte von Insel zu Insel, blieb länger als geplant, besorgte sich schließlich einen Job als Ölbohrer, nutzte die regelmäßigen zwei Wochen Schichtpause, um sich in Ruhe die südostasiatischen Länder anzugucken. Erst nach fünf Jahren kehrte er nach Berlin zurück, doch dort blieb er nur kurz – die Reiselust sollte ihn nie mehr loslassen.

Bei Thomas Kropff gab es zwei Initialzündungen. Bei einer Reise durch Venezuela traf er einen Landsmann, der in einer Hütte im Dschungel lebte. Dieser Urwald-Einsiedler lud Thomas Kropff ein, mit ihm Piranhas zu angeln, Tukans zu schießen... Die Tage als Urwald-Jäger beeindruckten Thomas Kropff derart, daß er die Idee zu seiner Südamerika-Durchquerung bekam. Mit der Entführung im El Darién folgte Initialzündung Nummer zwei – Thomas Kropff beschloß, mit seinem alten Leben zu brechen.

Auch Bruno Baumann erinnert sich an Weichenstellungen, die den Zug seines Lebens aufs Abenteurer-Gleis lenkten. Sogar ein möglicher erster Auslöser ist ihm noch bewußt: Im Alter von zehn Jahren erlebte Bruno Baumann einen Vortrag des weltbekannten Bergsteigers Heinrich Harrer, der sieben Jahre lang in einem tibetischen Kloster gelebt hatte. Zwar erinnert sich Baumann nicht mehr an den Inhalt des Harrer-Vortrages; das Grundgefühl der Neugier auf die tibetische Kultur, das ihn dabei erfaßt habe, sei jedoch noch in ihm lebendig. Später habe ihn, nach einer enttäuschten Jugendliebe, die Bergwelt seiner Heimat als grandiose Naturlandschaft gefangen genommen. Bruno Baumann wurde Skilehrer, dann folgten erste Asienreisen, bei denen er auf Heinrich Harrers Spuren wandelte. Dabei sei ihm bewußt geworden: Dieser Mann hat großartige Leistungen vollbracht, aber das ist auch mir möglich, auch ich kann in diesem Land überleben. Nach einer Neuguinea-Reise beschloß Bruno Baumann schließlich, seine Abenteuer zum Beruf zu machen.

Dirk Thiele weiß noch sehr genau, was in ihm das Reisefieber weckte. Als in der Schule das Thema Nationalsozialismus durchgenommen wurde, sei in ihm der Wunsch erwacht, die Schauplätze der Kriegsereignisse zu besuchen. Der 15jährige setzte seinen Wunsch kurzerhand in die Tat um. Er packte sein 30-Mark-Aldi-Zelt auf sein Mofa und fuhr – ohne weitere Ausrüstung – von Norddeutschland aus in die Normandie. Vor allem der vielen interessanten Leute wegen, die er dabei traf, habe ihm der Ausflug so gut gefallen, daß er weitere Reisen unternahm. Im Alter von 18 Jahren fiel es ihm ein, Archäologe zu werden. Dirk Thiele beließ es nicht dabei, sich über das Berufsbild zu informieren, er flog zunächst nach Ägypten zu den Pyramiden, reiste dann nach Südamerika und besuchte die Relikte der Mayas. Bei diesen beiden Reisen faszinierte ihn das Unterwegssein jedoch mehr als die Ausgrabungen – und so wurde Dirk Thiele nicht Archäologe, sondern fand seinen Beruf in der Sparte Outdoor.

Harald Schwindl, Thomas Kropff, Bruno Baumann, Dirk Thiele – sie erinnern sich an einen Auslöser, der ihr Leben veränderte. Aber vielleicht haben sie sich auch unbewußt einen Auslöser gesucht, weil die Sehnsucht nach diesem Leben schon in ihnen wirkte? Der Ursache auf die Spur zu kommen, führt in solchen Fällen zum Scheinproblem Ei-oder-Henne. Was war zuerst da? Das Wissen um einen Auslöser, den man sich selbst gesucht hat, gibt eher einen Hinweis darauf, daß die Neigung sich bereits entwickelt hatte, vielleicht durch ein noch früheres Erlebnis, das vergessen wurde, oder daß sie von Geburt an vorhanden war und das Kleinkind schon mit den ersten Schritten in eine bestimmte Richtung drängte.

Peter Habeler, der zusammen mit Reinhold Messner erstmals ohne Sauerstoff den Mount Everest bestiegen hat, schreibt in seinem Buch *Der einsame Sieg*: »Die Berge verlockten mich, solange ich zurückdenken kann. Schon als Sechs- oder Siebenjähriger suchte ich mir die dicksten Felsbrocken der Umgebung von Mayrhofen aus, um mich im Klettern zu üben. Je älter ich wurde, desto gewagtere Kletterpartien unternahm ich. Längst versuchten meine Spielkameraden nicht mehr, es mir gleichzutun.«

Auch Arved Fuchs liebte es schon immer, unterwegs zu sein. An ein Schlüsselerlebnis kann er sich nicht erinnern – die Freude am Reisen habe wohl von Geburt an in ihm geschlummert und sei irgendwann ausgebrochen.

Rüdiger Nehberg macht gar nicht erst den Versuch, die Vergangenheit nach einem ersten Anlaß für seine Lebensausrichtung zu befragen. Er ist sich sicher: »Der Wandertrieb war schon immer in mir drin.« Schon im Alter von drei Jahren machte er sich aus dem Staub und tappelte allein durch Bielefeld, um seine Großmutter zu besuchen. Daß er dafür kräftig versohlt wurde, konnte nicht verhindern, daß er während seiner ganzen Kindheit Ausflüge auf eigene Faust unternahm, in seiner Jugend dann ausgedehnte Reisen mit dem Fahrrad – und schließlich erste Expeditionen.

Schlüsselerlebnis oder Gene? Oder beides zusammen? Die Frage nach der Ursache dafür, welchen Lebensweg man einschlägt, wird auch durch die nicht hinreichend beantwortet, die durch reinen Zufall in den Beruf des Abenteurers gestolpert sind. Selbst in solchen

Fällen kann man angeborene Neigung nicht ausschließen, denn vielleicht wäre das Zufallsereignis sonst ohne Wirkung geblieben.

Dietmar Löffler hatte an seinen zukünftigen Beruf nur eine Anforderung gestellt: Er sollte mit Sport zu tun haben. Auf der Suche nach einem Job für die Semesterferien geriet er in eine Stunt-Show in den Bavaria Filmstudios in Bottrop. Dort ereignete sich die entscheidende Weichenstellung dafür, Stuntman zu werden: Dietmar Löffler lernte einen Mitarbeiter der holländischen Produktionsfirma Endemol kennen, und der gab ihm den Auftrag zu einem Auto-Stunt mit Dirk Hagedorn, einem erfahrenen Kollegen. Durch diesen Auftrag wurden Löffler und Hagedorn Partner. Dietmar Löffler argwöhnt: »Hätte ich nicht den Endemol-Mitarbeiter kennengelernt, ich wäre heute vielleicht Hobby-Stuntman, aber bestimmt nicht Profi.« Indes: Dietmar Löffler erinnert sich, daß ihn eine amerikanische Stuntman-Fernsehserie in seiner Jugend tief beeindruckt hat. Hätte er überhaupt in Erwägung gezogen, als Stuntman zu jobben, wäre nicht diese Serie gewesen?

Sigrid Wolf-Feix erinnert sich, daß sie als Kind alles las und sammelte, was mit der Ferne zu tun hatte. Die Reiseträume auszuleben begann sie erst nach ihrer Heirat, erst jetzt hatte sie die Möglichkeiten dazu und mit ihrem Mann Rainer jemanden, der die Leidenschaft teilt.

Auch die Weichenstellung bei Tilmann Waldthaler scheint zunächst purer Zufall: Er lernte einen weltreisenden Radler kennen, lauschte dessen Erlebnissen und brach schließlich selbst auf. Aber wer schmeißt schon, nur auf einen Erlebnisbericht hin, seine Uhr ins Wasser und verabschiedet sich für eine mehrjährige Weltreise – wer, wenn er nicht längst die Sehnsucht nach der Ferne in sich gehabt hätte?

Woher aber kommt diese Sehnsucht? In manchen Fällen spielen Kindheitseindrücke ohne Zweifel eine Rolle für die spätere Entwicklung. Axel Brümmer sammelte, kaum konnte er lesen, Reisebücher aller Art. Das kam nicht von selbst, sondern lag in der Familie begründet: Seine Eltern nahmen ihn von klein auf mit zum Skifahren, Klettern, Paddeln und Segeln. Der Kumpel, der den 15jährigen zu einer Fahrradtour nach Bulgarien anspornte und dabei begleitete, war sein eigener Vater. In dieser Zeit trainierte Axel Brümmer bereits für eine Expedition ins bis zu 5.000 Meter hohe Altai-Gebirge an der sibirisch-mongolischen Grenze. Insgesamt sieben Jahre lang bereitete er die Reise vor. Da die entsprechende Ausrüstung in der DDR nicht zu bekommen war, feilte sich Axel Brümmer die Steigeisen selbst, und sogar die Schlafsäcke, die er und seine Begleiter benutzten, waren selbstgenäht und mit Daunen gefüllt, die auf verschlungenen Tauschwegen erst besorgt werden mußten. Für Axel Brümmer war die damals illegale Expedition nach Sibirien und die Besteigung eines Nebengipfels des Berges Belucha ein großer persönlicher Sieg, der gerade durch die mühselige und langwierige Vorbereitung ein besonderes Gewicht erhalten hatte. Der Welt aber fiel er erst als Abenteurer auf, als er zusammen mit seinem Partner Peter Glöckner 1990 zur Weltumrundung per Fahrrad aufbrach. So entstand der Eindruck, da habe einer aus heiterem Himmel die Abenteuerlust in sich entdeckt und sei kurzerhand aufgebrochen. Dabei war diese Tour nur ein Glied in einer langen Kette extremer Reisen, und alles hatte schon in der Kindheit mit extremen sportlichen Tätigkeiten seinen Anfang genommen. Sein ausgeprägtes Fernweh, da ist sich Axel Brümmer sicher, ist ihm nicht in die Wiege gelegt, er hat sich bei seinen Eltern und bei seiner Oma angesteckt.

An Ur-Instinkte, genetische Programmierung oder Schicksal glaubt auch Marco Kuhlmann nicht. In welche Richtung man sich entwickelt, das hänge von den Leuten ab, mit denen man zusammen sei. »Wenn mein Vater Drachenflieger gewesen wäre«, meint er, »dann würde ich jetzt vielleicht diesen Sport betreiben.« So aber nahmen ihn seine Eltern mit zum Zelten, später dann zu Kajak-Ausflügen. Und so sei es wohl gekommen, daß er schließlich an Naturerlebnissen mehr Spaß gefunden habe als an Disco-Touren mit Gleichaltrigen.

Angeborenes Talent spielt für Marco Kuhlmann erst eine Rolle bei der weiteren Entwicklung. Anfangs habe er sich auch in anderen Sportarten versucht und zum Beispiel Fußball gespielt; als er aber gemerkt habe, daß sein Potential für Ballspiele rasch erschöpft war, daß er sich beim Kajakfahren aber stetig steigerte und neuen

Auftrieb erfuhr, habe er sich eben bald ganz auf den Wassersport konzentriert. Gedanken an ferne Länder kamen nicht zufällig hinzu, sondern gingen allein davon aus: Erst als es auf den Flüssen seiner Heimat nichts mehr neu zu erproben und zu lernen gab, folgten erste Kajak-Touren ins Ausland.

Manch einer fühlt sich wohl in der Natur und auf Reisen, weil die Eltern ihm diese Leidenschaft vorgelebt haben; der andere sucht Naturerlebnisse und ungewöhnliche Eindrücke, gerade um ganz anderen Vorgaben der Eltern zu entfliehen. Klaus Beer schlug der Familie zuliebe eine Laufbahn als Bankangestellter ein und unterdrückte lange Zeit den Wunsch nach einem unangepaßten Leben. Erst mit seiner Hochzeit begann er sich so manche Sehnsucht zu erfüllen, bereist seitdem mit seiner Frau die Welt, führt ein Privatleben fern von dem des Durchschnittsbürgers; doch für eine klare Entscheidung zwischen Jugendträumen und anerzogenen Werten kam diese Entwicklung wohl zu spät. Zwar hat er Fuß gefaßt im beruflichen Alltag und schöpft Befriedigung daraus, seine Träume als Hobby auszuleben; doch so sehr er versucht, sein Image als Weltreisender mit seiner Rolle als Bank-Angestellter in Einklang zu bringen, und so sehr er sich in seiner Freizeit in einen Rausch von Aktivitäten steigert, eine gewisse Unzufriedenheit liegt ihm doch auf der Seele.

Das Beispiel deutet an, daß Kompromisse zwischen dem, was Eltern und Verwandte sich für einen jungen Menschen vorstellen, und dem, was der Nachwuchs selbst will, nicht ratsam sind. Jeder Berufs-Abenteurer hat irgendwann eine Entscheidung getroffen und damit der Zerrissenheit zwischen fremden und eigenen Wünschen ein Ende gemacht. Die meisten finden mit diesem Einschnitt auch langfristig zu innerem Frieden – aber oft erst, nachdem sie eine schwere, langdauernde Zeit der Ausgrenzung und Widerstände durchgehalten haben.

WAS DER ABENTEURER-LEHRLING ERLEIDEN MUSS

»Exoten, Spinner, Hasardeure...«

Keine Lehrzeit, die nicht auch eine Durststrecke wäre. Wer studiert oder eine Berufsausbildung absolviert, dem werden die Jahre des Haushaltens, des Lernens und der Prüfungen jedoch versüßt durch die Aussicht auf ein geregeltes Einkommen – und vom ersten Tag an darf der Student, darf der Auszubildende sich erfreuen an dem Respekt, den der angestrebte Berufsstand genießt.

Wehe dem aber, der mit dem Berufsziel Abenteurer herausrückt. Mag der erfolgreiche Extremreisende durchaus auch bewundert werden, wie Klaus Denart und Marco Kuhlmann meinen; das Berufsbild allgemein, da sind sich die meisten anderen einig, steht im öffentlichen Ansehen ganz unten – sofern man dem Abenteurer überhaupt zugesteht, einen Beruf zu haben.

Überwiegend negativ besetzt sieht Arved Fuchs das Bild des Abenteurers in der Öffentlichkeit. Immer wieder hat er erleben müssen, daß sich vor allem ältere Mitarbeiter wissenschaftlicher Institute in Extremregionen, gerade weil auch sie ein abenteuerliches Leben führen, entschieden abgrenzen vom Berufs-Abenteurer, ihm sogar die Tür vor der Nase zuschlagen – denn alle, die Risiken nicht im Auftrag der Forschung eingehen, gelten ihnen als Hasardeure, als leichtsinnige, windige, unseriöse Typen, die andere sinnlos mit ins Verderben reißen.

Nicht ganz so kraß sieht es Thomas Kropff. Er hat erfahren, daß vielen das Thema total gleichgültig ist, daß aber die meisten Außenstehenden, die sich dafür interessieren, keine Pauschal-Urteile fällen, sondern kritisch zwischen einzelnen Referenten unterscheiden und sich keine Reise als Abenteuer verkaufen lassen, die keines war.

Andreas Pröve hat die gleiche Feststellung gemacht: »Wer wirkliche Leistung bringt, wird respektiert. Wer dagegen fade Egotrips vermarktet oder durch sinnlos verrückte Wagnisse auffallen will, der wird belächelt oder gar verachtet.«

In dieser Fähigkeit zu unterscheiden erkennt Heinz Kallin eine neue Entwicklung: Die Gesellschaft betrachte den Abenteurer heute weit differenzierter als noch vor 20 Jahren. Als er sich für sein heutiges Leben entschieden habe, da seien alle Extremreisenden in einen Topf geworfen worden – er selbst galt in seinem Bekanntenkreis als Außenseiter, als Spinner und Exot. Erst durch die regelmäßige Berichterstattung über Leute wie ihn habe sich das Bild unterdessen gewandelt.

Rüdiger Nehberg bringt Anfeindungen nicht mit dem allgemeinen Berufsbild in Zusammenhang, sondern mit dem Erfolg des einzelnen Vertreters, sei es in Form von Neid auf das, was er bewegt hat, oder auf die totale Freiheit, die er genießt.

Für den erfolgreichen Abenteurer mag es eine Rolle spielen, ob die Gesellschaft über den ganzen Berufsstand herfällt oder zu unterscheiden weiß zwischen Schaumschlägern und denen, die Achtung verdienen. Der Anfänger aber kann selbst noch nicht wissen, welcher Kategorie er einst angehören wird, und seine entsetzten Eltern sehen die Entscheidung sowieso auf ihre Art: Da wird aus einer Laune heraus ein Beruf angestrebt, den es eigentlich gar nicht gibt, der daher keine gesicherte Existenz verspricht und der zudem noch mit Gefahren verbunden ist. Das muß verhindert werden – vordergründig im Interesse des Sprößlings, zu einem erheblichen Anteil aber auch aus Angst davor, was die Leute sagen könnten.

Damit hat sich für den Abenteurer in spe seine erste große Hürde formiert. Es wird nicht die einzige bleiben.

Die Oma als einziger Rückhalt

Bruno Baumann hielt sein Berufsziel lange Zeit geheim und verschleierte die wahren Hintergründe erster Expeditionen, weil er genau wußte, daß er dafür im Elternhaus keine Gegenliebe finden würde. Als er dann aber sein Studium der Geschichte und Völkerkunde abbrach, um endlich ganz den eigenen Weg zu gehen, mußte er feststellen, daß der Widerstand nicht nur von seinen Eltern ausging, sondern aus allen Richtungen kam, daß die gesamte Verwandtschaft ihm Knüppel zwischen die Beine warf und nur noch ein Mensch zu ihm hielt: seine Großmutter. Sie tolerierte seine Entscheidung nicht nur, sie gab ihm auch moralischen Rückhalt. Diese Unterstützung war umso hilfreicher, da der Start in seine Laufbahn als weltreisender Schriftsteller, Filmemacher und Fotojournalist sich auch aus sich selbst heraus schon schwer genug anließ. Bruno Baumann hatte keinen Pfennig Startkapital, nach jeder Reise mußte er wieder bei Null anfangen. Hinzu kamen psychologische Barrieren. Als Schüler sei er völlig verklemmt gewesen: »Wenn ich vor der Klasse reden mußte, wurde ich rot vor Scham.« Jetzt aber stand er vor einer Laufbahn, in der auch Vorträge vor größerem Publikum zum Lebensunterhalt beitragen mußten. Fotografie, Erzählkunst, freie Rede – Bruno Baumann mußte sich alle Säulen seiner zukünftigen Existenz vom Fundament her aufbauen. Seine ersten Vorträge hielt er vor Schulklassen, was ihm schwer fiel, aber auch eine wichtige Lehre war, denn: »Die Schüler saßen nicht freiwillig da, ich mußte mich also besonders anstrengen, um sie als Publikum zu begeistern. Dabei lernte ich, daß jeder Vortrag über alle Fakten hinaus eine emotionale Basis haben muß – und damit begriff ich die Grundlage der Erzählkunst.«

Eine noch größere innere Hürde tat sich auf, als Bruno Baumann 1985 sein erstes Buch schreiben wollte. Eine ausdrucksstarke Sprache war ihm nicht in die Wiege gelegt, beide Eltern hatten praktische Berufe: Der Vater war Maschinenschlosser, die Mutter arbeitete in der Gastronomie. Als es ihm gelungen war, einen Verlag für seine Reisethemen zu interessieren, sah sich Bruno Baumann gerade durch den Vertrauensbeweis eines Blanko-Vertrages vor einer enormen Herausforderung: Jetzt mußte er den hohen Erwartungen gerecht werden.

So wurde das erste Buch zur »unglaublich schweren Geburt«, zum Teil habe er sich wie gelähmt gefühlt, und so sehr er sich auch anstrengte, das Manuskript wurde einfach nicht rund.

Das sagt einer über sich, dessen Bildbände sich 10.000fach verkauft haben. Die Familie hätte allen Grund, die Knüppel zu bereuen, mit denen sie Bruno Baumann den Start zusätzlich erschwerte.

Auch Heinz Kallin wurden in der Anfangszeit immer wieder Steine in den Weg gelegt, wenn auch nicht von der Familie, so doch von Neidern. Hart sei der Weg gewesen, auch jetzt schwimme er nicht im Geld, doch die Freiheit überwiege ihm jeden finanziellen Mangel.

Klaus Beer hatte in der Übergangszeit von seinen Volkshochschul-Filmabenden hin zu Vorführungen in großen Sälen eine Zeit durchzustehen, an die er sich mit Grausen erinnert und für die er nur eine Bezeichnung hat: »Mobbing total!« Daß er sich als junger Mann schon ausschließlich für die Themen Reisen und Filmen interessierte, hatte ihn unter seinen Kollegen sehr früh zum Außenseiter gemacht. Als dann aber sein Bild immer öfter in den Medien auftauchte und er schließlich zum Dauergast im lokalen Hörfunk und Fernsehen wurde, nahmen Sticheleien und Ausgrenzungsversuche bald überhand. Erst als die Direktion seiner Bank seine Befähigung im Bereich Werbung und Öffentlichkeitsarbeit erkannte, ihn für kreativere Aufgaben vom Schalter abzog und ihn und seine Frau später sogar als Reiseleiter einsetzte, fand er sein Glück auch im Beruf.

Anderen mag die Karriere zwar nicht spielerisch gelungen sein, doch stießen sie zumindest nicht auf offenen Widerstand. Dietmar Löffler zum Beispiel erfuhr von den Eltern Verständnis, nur Außenstehende raten ihm gelegentlich, er solle »was Vernünftiges« lernen. Dirk Thiele sagt: »Meine Eltern standen immer hinter mir – bis auf meine Afrika-Wüstentour: Da war Aufklärung nötig.« Die Eltern von Michael Martin verfolgten seinen Lebensweg mit »wohlwollendem Interesse«. Viel Verständnis und Toleranz gab es für Arved Fuchs, Klaus Denart, und auch Peter Gebhard hatte Glück: »Mir hat nie jemand Steine in den Weg gelegt.«

Daß offene Opposition ausbleibt, muß indes nicht heißen, der Nachwuchs-Abenteurer litte nicht umso mehr an stummen Widerständen. Schon zu spüren, daß alle skeptisch sind oder daß die Eltern nur versuchen, sich keine Angst anmerken zu lassen, kann dem eben gefaßten Entschluß eines jungen Menschen zusetzen – auch wenn man ihm noch so interessiert zuhört und sich wohlwollend äußert. Nach seinen ersten Jahren als Reisender kann Thomas Kropff immerhin feststellen: »Meine Eltern haben sich langsam daran gewöhnt.« Bei der Abreise spiele sich dennoch jedesmal ein kleines Drama ab, und die Mutter breche in Tränen aus. Zwar habe sie seine Berufswahl inzwischen akzeptiert, aber Thomas Kropff kennt genau ihre Zweifel daran, ob es je klappen wird, davon zu leben.

Thomas Mack hat nie Kritik über seine Entscheidung gehört, seine Fahrschule zu verkaufen – dafür auch keine Zustimmung. Wohl hätten ihn gute Freunde vor dem Schritt gewarnt, sich danach aber nicht mehr geäußert. Thomas Mack spürt indes genau, daß er vielen als Spinner gilt. Wenn ihn überhaupt jemand auf seine Aussteiger-Lebensweise anspreche, dann nur mit der Frage: »Wie wird denn das finanziert?« Daß er 20 Jahre lang gerackert habe, um jetzt frei zu sein, werde nicht gewürdigt, zu spüren sei nur ein gewisser Neid. Und er wisse genau, daß hintenrum nicht sehr freundlich über ihn geredet wird. Als Andreas Pröve beschloß, eine erste Indien-Reise im Rollstuhl zu wagen, versuchte zwar niemand ihn abzubringen, auch die Ärzte hatten medizinisch keine Einwände; und doch bestand für Andreas Pröve kein Zweifel daran, daß kein Mensch ihm zutraute, unterwegs allein zurechtzukommen. Beirren ließ er sich davon nicht, er sagte sich vielmehr: »Dann muß ich das einfach mal probieren!« Vielleicht ist dieses erste »Jetzt erst recht!« auch nötig, um den künftigen Abenteurer gegen alles abzuhärten, was ihm später bevorsteht. Wer zimperlich ist und sich schon von den sorgenvollen Gesichtern seiner Freunde und Bekannten abhalten läßt, der wäre wohl auch bei schwierigen Situationen unterwegs zum Durchhalten nicht imstande. Zudem bereitet ihn mögliche Ablehnung im Bekanntenkreis schon mal vor auf eine ganz anders gelagerte Ablehnung, die in vielen Fällen eintritt, spätestens sobald sich erste Erfolge einstellen.

KONKURRENZ

Gesellenprüfung in der Mongolei

Eigentlich ist Tilmann Waldthaler am liebsten allein unterwegs. Nicht, weil er seine Abenteurer-Kollegen nicht leiden könnte, sondern weil er allein am besten zurechtkommt. Denn nicht nur habe grundsätzlich jeder Mensch unterwegs andere Bedürfnisse, einen anderen Rhythmus oder einfach nur mehr oder weniger Kondition; wenn zwei unterwegs sind, die von der Vermarktung ihrer Reisen leben, müsse es zwangsläufig zu Reibereien kommen: Entweder konkurrieren sie um das selbe Motiv; oder der eine muß Aufnahmen verkaufen und braucht daher Zeit zum Fotografieren, dem anderen kommt es darauf an, weit herumzukommen, also hat er es eilig und wird von der Knipserei aufgehalten...

Inzwischen hat Tilmann Waldthaler festgestellt, daß auch diese Regel Ausnahmen kennt. Bei seinen letzten Reisen, darunter auch die Camel-Bike-Tour, hatte er einen Begleiter, der a) sein Geld künftig im gleichen Fachgebiet verdienen will, aber b) zuvor kein Radfahrer war sondern Eiskletterer, also aufgrund einer anders gelagerten Kondition zum Hindernis hätte werden können. Doch die Partnerschaft funktionierte, und zwar gerade weil die beiden völlig verschieden sind: Tilmann Waldthalers Reisebegleiter und Vortrags-Assistent Tobi ist entschieden jünger, und so entwickelte sich das Unterwegssein nicht zum Muskelspiel unter Konkurrenten oder zum nervenzerreißenden Auseinanderdriften zweier unterschiedlicher Persönlichkeiten, sondern zu einem fruchtbaren Vater-Sohn-Verhältnis.

Tobi hatte sich bei einem von Tilmanns Vorträgen nach Reisetips informiert. Die beiden waren sich sympathisch, beschlossen eine gemeinsame Tour, brachen als Bekannte auf und kehrten nach vier Monaten als Freunde zurück. Der Altersunterschied erwies sich konditionell als ausgleichend – der eine durchtrainiert, aber älter, der andere jünger, dafür als Radfahrer ungeübt; die Differenz an Jahren sorgte aber auch für ein entspanntes Miteinander unterwegs, ein Verhältnis, respektvoll wie zwischen Lehrling und Meister.

Nach mehreren gemeinsamen Touren hat Tobi Gefallen am Reiseleben gefunden und beschlossen, es seinem Vorbild nachzutun. Er hat sein Studium abgebrochen und will Geld mit Vorträgen über eigene Fahrrad-Touren verdienen. Nebenher will er die Bergführerprüfung ablegen und als zweites Standbein Touristen mit dem Mountainbike durch Südtirol führen.

Tilmann Waldthaler betrachtet diese Entwicklung nicht ohne Sorge: »Tobi sieht nur meinen Erfolg, aber er nimmt nicht zur Kenntnis, daß ich seit über 20 Jahren im Geschäft bin. Inzwischen ist der Markt wahnsinnig umkämpft, die Konkurrenz ist gewaltig, und junge Leute haben es ungleich schwerer als ich damals.« Längst habe sich Tobi auch schon seinen ersten Dämpfer geholt. Bei einer Outdoor-Messe habe er versucht, Aufträge als Gerätetester an Land zu ziehen. Zwar habe er dabei einen Stapel Visitenkarten gesammelt, aber ein bezahlter Auftrag sei nicht herausgesprungen.

Der Abenteurer als Skeptiker. Ausgerechnet Tilmann Waldthaler, der alles hinter sich gelassen hat und vier Jahre lang durch die Welt gondelte, rät zur Besonnenheit. Vielleicht liegt darin auch ein bißchen Wehmut beim Gedanken daran, was aus der Freundschaft werden könnte. Die jüngste gemeinsame Reise führte in die Mongolei. Diese vierte Tour zu zweit stand allerdings unter anderen Vorzeichen als die ersten drei. Diesmal war es Tobi, der Sponsoren warb, die Ausrüstung zusammenstellte und den Ablauf organisierte. Es war seine Reise, sein Gesellenstück als Abenteurer – Tilmann Waldthaler war nur zwei Wochen als Beobachter dabei. Und nun?

Wird mit einem Tobi, der nicht mehr nur lernen will, sondern auch ans Geld denken muß, ein ebenso harmonisches Reisen möglich sein wie zuvor? Im Vortrags-Alltag zu Hause kommt Tilmann Waldthaler gut mit Kollegen wie Arved Fuchs oder Rüdiger Nehberg zurecht: Man kennt sich, besucht gegenseitig Vorträge, um zu sehen, wie die anderen sich und ihre Arbeit präsentieren. Man trifft sich auch mal auf ein Gläschen, aber dauerhaften Kontakt kann man nicht pflegen – aus Zeitmangel.

Tilmann Waldthaler hat überwiegend positive Erfahrungen im Umgang mit anderen Abenteurern gemacht, vielleicht aber nur deshalb, weil er mit seinem Thema niemandem auf die Füße tritt. Extremradler, Menschenrechts-Aktivist und Seemann besetzen weit auseinanderliegende Nischen, sie zeigen nicht nur völlig andere Bilder, sie geben vor allem ihre persönlichen Erfahrungen weiter, und die könnten unterschiedlicher nicht sein. Wer dagegen mit grandiosen Aufnahmen und sachlicher Information ein Land vorstellen will, der tut sich hart damit, genug Eigenart einzubringen, um sich entschieden von seinen Mitbewerbern abzusetzen.

Rüdiger Nehberg, der es gewohnt ist, auch mit befreundeten Reisepartnern Verträge zu schließen, um Reibereien vorzubeugen, drückt es so aus: »In unserer Branche konkurrieren die Pseudo-Abenteurer, die sich überfüllte Nischen teilen müssen. Wer etwas Einmaliges macht, über wirkliche Erfahrung verfügt und einen reichen Schatz an Geschichten zu erzählen hat, der steht über dem ganzen Hickhack.«

Würde man diese Feststellung als Maßstab übernehmen, es gäbe in der Branche überwiegend Pseudo-Abenteurer – einen Konkurrenzkampf mit härtesten Bandagen jedenfalls leugnet keiner. Selbst unbestrittene Abenteurer wie Bruno Baumann sehen sich in Fehden mit anderen unbestrittenen Abenteurern verstrickt – Auseinandersetzungen, »die schon an einen Kalten Krieg grenzen«.

Für Klaus Denart ist das auch kein Wunder: »Das ist doch wie in jedem anderen Bereich des Lebens. Wo zwei Führungspersönlichkeiten aufeinanderprallen, kann es Spannungen geben, zumal wenn sie beide in der gleichen Branche ihr Geld verdienen.« In der Tatsache, daß Abenteurer zumeist »extrem starke Persönlichkeiten und Einzelgänger« sind, sieht auch Andreas Pröve die Ursache so manchen Streits.

Natürlich gibt es weit mehr Gründe für Konkurrenz-Getümmel, als nur den, sich nicht unterordnen zu wollen. Man muß nicht mal in direkter Konkurrenz stehen, um sich nicht grün zu sein, auch an den Vortragstechniken scheiden sich die Geister. Klaus Beer meint, manche Multivisions-Referenten blickten verächtlich auf Filmemacher wie ihn herab. Er sehe auch selbst ein, daß Dias brillanter sind, aber ihm ginge es ja darum, bewegte Bilder einzufangen.

Unabhängig von bewegten oder stehenden Bildern, unabhängig überhaupt von irgendwelchen Techniken spielt vor allem die Qualität der Arbeit eine Rolle. Auch Stuntmen, rechnet man sie zu den Abenteurern, »mögen sich untereinander nicht so sehr«, wie Dietmar Löffler einräumt. Und das habe vor allem damit zu tun, daß bundesweit jährlich 80 Nachwuchs-Stuntleute auf den Markt drängten, darunter auch viele Billig-Anbieter aus Osteuropa, die für ein Drittel des in Deutschland üblichen Honorars arbeiten – und dafür auf so manche Sicherheitskriterien pfeifen.

Zurück in der Branche der reisenden Abenteurer, treffen wir auf das gleiche Phänomen. »Unter den Reise-Referenten gibt es ganz schlimme Absahner«, weiß Peter Gebhard. »Viele wollen nur die schnelle Mark machen. Diese Leute sind im jeweiligen Land nur ein paar Wochen unterwegs und können daher überhaupt nicht in die Tiefe gehen. Aber anhand des Plakats kann der Zuschauer solche Vorträge nicht erkennen und ist dann vom Fachgebiet Multivision generell enttäuscht, womit die ganze Branche in Verruf gebracht wird.«

Axel Brümmer und Peter Glöckner haben diese Erfahrung am eigenen Leib machen müssen. Zwar sind sie grundsätzlich der Meinung, daß mit den meisten Kollegen gut auszukommen sei: »Mit den guten klappt's gut, denn schließlich ergänzt man sich doch. Ein Kollege, der Qualität bietet, schadet uns nicht, er öffnet uns die Märkte. In Städten, in den zum Beispiel Michael Martin Vorträge gehalten und die Leute begeistert hat, ist das Feld auch für uns bereitet.« Doch immer wieder funkten Abzocker den etablierten Referenten mit fiesen Methoden dazwischen. Einen Fall von besonders dreister Publikumstäuschung erlebten Axel Brümmer und Peter Glöckner in Freiberg im Vorfeld ihres Vortrages *Weltsichten*. Ein Mitbewerber überklebte auf den Plakaten für diesen Vortrag das Datumsfeld mit dem Termin seines eigenen Vortrages über eine Fahrradtour durch Australien, der eine Woche später stattfand. Brümmer und Glöckner verloren dadurch Dutzende von Zuschauern, und diese Zuschauer, die dann eine Woche später im falschen Vortrag saßen, beschwerten sich reihenweise beim Veranstalter und lasteten ihm den vermeintlichen Fehler an.

Gerade weil es recht viele schwarze Schafe dieser Art gibt, ist es für Anfänger heute sehr schwer, im Vortragsgeschäft Fuß zu fassen.

Eine Gruppe von etablierten Referenten, sagt Peter Gebhard, habe daher ein Nachwuchsprojekt ins Leben gerufen, um wirklichen Talenten eine Chance zu geben.

Zum Nachwuchs rechnet sich auch Thomas Kropff. Er sei noch nicht richtig in der Szene drin, sagt er über sich selbst – aber in Sachen Konkurrenzkampf hat er schon reichlich Erfahrungen gemacht. »Daß sich da einzelne Leute gegenseitig die Plakate herunterreißen, ist noch das Harmloseste. Ich habe bei einer Fachveranstaltung auch schon erlebt, wie manche öffentlich über sich herfallen und sich förmlich zerfleischen. Da gab es nicht mal ansatzweise sachliche Kritik, sondern nur noch Angriffe voll unter die Gürtellinie.«

Erfahrungen eines Nachwuchs-Abenteurers, der sich auch von dieser Schattenseite seines angestrebten Berufes nicht beirren läßt. Denn Thomas Kropff traut sich zu, das zu haben was nötig ist, um auf Dauer im Hexenkessel des Konkurrenzkampfes zu bestehen. Dieses Etwas ist nicht allein der Wunsch zu reisen, die Liebe zur Fotografie, das Bedürfnis, seine Erlebnisse an andere Menschen weiterzugeben; gefordert ist eine Kombination von Talenten, die mit dem eigentlichen Anlaß des Unterwegsseins wenig bis gar nichts zu tun haben müssen. Die Bereitschaft, sich mit all dem, was gefordert ist, nicht nur auseinanderzusetzen, sondern wirklich gut auch darin zu werden, scheidet denjenigen, der sich zum Abenteurer geboren glaubt, von dem, der dafür auch arbeitet, unerwünschte Nebenerscheinungen in Kauf nimmt und sich so lange durchbeißt, bis der Erfolg eintritt – auch wenn der Weg ganz anders verlaufen sollte als geplant.

GIBT ES DEN GEBORENEN ABENTEURER?

»Man muß ein Ziel vor Augen haben«

1976, im Alter von 16 Jahren, kam Peter Gebhard auf die Idee, zusammen mit einem Kumpel quer durch Süddeutschland von Karlsruhe nach Schwarzenbach/Saale zu radeln, um seine Großmutter zu besuchen. Die Eltern der beiden fanden das zu gefährlich und gaben ihnen lieber Geld für Eisenbahnfahrkarten. Für eine Bahnfahrt wiederum war den Jungs Nordostoberfranken zu nah, sie legten ihr Taschengeld zum Reisegeld der Eltern, packten Zelt, Rucksäcke und Schlafsäcke ein und fuhren nach Narvik in Norwegen. Was Peter Gebhard an dieser allerersten Reise auf eigene Faust genoß, waren drei Aspekte: Spontaneität, Freiheit und Natur.

Freiheit und Natur findet er unterwegs auch heute noch. Aus dem Bauch heraus aufbrechen zu können, das sei indes nicht mehr möglich, und darin sieht Peter Gebhard ein zentrales Dilemma seiner Tätigkeit: Die Liebe zum Reisen erwachte, weil er das spontane Unterwegssein genoß; um das Geld zum Unterwegssein zu verdienen, muß er sich jedoch auf Projekte festlegen, nach Plan vorgehen – und damit ist es um die Spontaneität geschehen.

Indem Peter Gebhard seine berufliche Nische gefunden hat, ist ihm nicht nur die Zwanglosigkeit beim Reisen abhanden gekommen, auch das ganze Leben hat, somit es an Erwerbssicherheit gewonnen hatte, an Dynamik und damit letztlich an abenteuerlicher Spannkraft verloren.

Peter Gebhards Entwicklung zu dem, was er heute ist, war ein Herumtasten voller Überraschungen. Mit 22 erwachte die Liebe zur Fotografie in ihm. Zunächst sah er nicht, daß diese neu entdeckte Neigung der entscheidende Baustein sein könnte, seine andere Leidenschaft zum Beruf zu machen. Sein Motiv war, mit dem Fotoapparat Leere und Ästhetik von Naturlandschaften einzufangen – zum Selbstzweck. Beruflich ausgerichtet war Peter Gebhard zu diesem Zeitpunkt mit einem Mineralogie-Studium. Erst nach fünf Semestern ging ihm auf, daß er nicht »als Pseudo-Chemiker in irgendeinem Zementwerk enden wollte«. Er brach das Studium ab und leistete zunächst seinen Zivildienst. Bei ausgedehnten Wanderungen durch Lappland erkannte er in der Fotografie ein wünschenswertes Berufsziel – doch noch immer erschloß sich ihm nicht die berufliche Kombinationsmöglichkeit mit dem Reisen, obwohl er beide Hobbys längst verbunden hatte. Im Alter von 25 Jahren begann er ein Studium als Diplom-Designer Fotografie. In dieser Zeit hielt er erste Vorträge, und erst dabei entdeckte er einen professionell nutzbaren Zusammenhang zwischen Reisen und Fotografieren.

Obwohl ihm, aus heutiger Sicht, noch immer ein wichtiger Baustein für seine Karriere fehlte, ging es von da an ohne Brüche aufwärts. Zum Jahreswechsel 1988/89 wurde Peter Gebhard von einer Vortragsagentur entdeckt und kam dadurch an einen Pool von Veranstalter-Adressen. Bis zu diesem Zeitpunkt war er noch immer nicht auf dem Weg zu dem, was er heute ist, trug er sich doch mit dem Gedanken, sich umfangreiche Studiotechnik für stationäre Auftrags-Fotografie zuzulegen. Und er mußte noch ein weiteres Talent, das sich längst als Neigung bemerkbar gemacht hatte, als Grundlage für mitreißende Vorträge entdecken: das Talent, mit Menschen ins Gespräch zu kommen, ihnen ihre Geschichten zu entlocken und diese Geschichten einfühlsam an ein Publikum weiterzugeben. Landschaften mehr oder weniger spektakulär auf die Leinwand zu zaubern, so begriff er, kann jeder Fotograf; was einen Vortrag einzigartig macht, ist die Fähigkeit, menschlich in die Tiefe zu gehen.

Wie kann man es schaffen, sich als weltreisender Fotograf, Buchautor und Vortragsreferent durchzusetzen? Peter Gebhards Karriere trägt viel zur Beantwortung bei. Stellt man ihm die Frage direkt, so zeigt die Antwort weitere Aspekte auf: »Das war ein ganz langsamer Prozeß. Man muß ein Ziel vor Augen haben und konstant arbeiten. Man darf sich nicht allein aufs Fotografieren konzentrieren, man muß organisieren, mit Menschen umgehen, frei reden können, ein guter Kaufmann sein und Zwangsläufigkeiten wie endloses Telefonieren hinnehmen. Man muß, kurz gesagt, ein Allrounder sein und darf sich nicht vom Kleinkram zermürben lassen.«

Organisieren können, ein guter Kaufmann sein, Geduld und stetiges Arbeiten – wer denkt schon an nüchterne Fleißarbeit, wenn ihn die romantische Sehnsucht nach der Ferne befällt und er sich ganz tief drinnen als dafür bestimmt zu erkennen glaubt, seine Zukunft in einer Existenz als Abenteurer zu suchen?

Auch Michael Martin führt seine Karriere nicht auf Talent oder Berufung zurück, sondern auf schlichte Beharrlichkeit und Übung – nur das instinktive Wissen um die Richtung scheint aus sich heraus erwacht: »Ich habe immer genau gewußt, was ich machen will, schon als 20jähriger war mir klar, wo ich hinwollte. Ich habe von Anfang an nicht studiert, um Geograph zu werden, sondern um ein Fundament für mein wahres Berufsziel zu legen. Meine Entwicklung war kontinuierlich, ich begann mit ersten Bergtouren und Radreisen und wuchs so ganz langsam in den jetzigen Beruf hinein.«

Wissen, was man will, und darauf dann hinarbeiten, bis man am Ziel ist. Auf jeden Fall ist das ein grundlegendes Erfolgsrezept – eine Erfolgsgarantie ist es auch im Bereich Abenteuer nicht. In seinem Buch *Der einsame Sieg* setzt sich Peter Habeler mit dem Gipfelerfolg seiner Team-Mitglieder auseinander. Wie kann es kommen, daß Helmut Hagner aus Innsbruck, ein erfahrener und umsichtiger Profi-Bergsteiger, der sein Geld als Bergführer verdient, den Mount Everest nicht bezwingt – dagegen der Heidelberger Reinhard Karl, der die Tour als Reporter der Bunten Illustrierten begleitet und keinerlei Gipfel-Ehrgeiz mitbringt, die Besteigung nicht nur schafft, sondern auch noch den Rekord aufstellt, der erste Deutsche auf dem Dach der Welt zu sein? Vielleicht lag es daran, so schreibt Peter Habeler, daß Hagner den Erfolg nicht stark genug gewollt habe (was ja auf Karl erst recht zutrifft). Zwar sei Hagner hinterher maßlos enttäuscht gewesen, was sehr wohl einen festen Willen zum Sieg nahelegt – aber er sei kein Fanatiker und habe sein Ziel, im Vergleich zu anderen, eher mit zu maßvollem Ehrgeiz verfolgt.

Sein Ziel mit ganzem Herzen zu wollen, aber hinterher zu merken, daß mit ganzem Herzen im eigenen Fall objektiv zuwenig war, während anderen ein bißchen Ehrgeiz nebenbei schon hinlangt – mit solchen Tücken des Schicksals muß sich so mancher Abenteurer abfinden. Wie aber kann einer, der am Anfang seiner angestrebten Laufbahn steht, genug Einsatz aufbringen angesichts der Tatsache, daß er nicht weiß, ob sein Maß an Entschlossenheit ausreicht, auch wenn er sich selbst unendlich entschlossen vorkommt? Wie kann der Anfänger bereit sein, Jahre an Geduld und Arbeit in seine Ziele zu investieren, wenn er damit rechnen muß, daß die schönen Träume scheitern, nur weil er vielleicht kein guter Kaufmann ist oder vom Organisieren irgendwann die Nase voll hat?

Thomas Kropff hat sich mit diesen Fragen intensiv auseinandergesetzt. Und ist dabei zu dem Schluß gekommen, daß er ganz sicher nicht alle Kraft für ein Ziel verpulvern will, das ihm von seinen Anlagen her verwehrt ist. Daher prüft er derzeit mit jedem Foto, das er aufnimmt, mit jedem Vortrag, den er hält, immer wieder aufs Neue, ob er objektiv die nötigen Voraussetzungen mitbringt:

Habe ich wirklich ein entwicklungsfähiges Talent, vor Publikum zu reden?

Sind meine fotografischen Fähigkeiten ausbaufähig?

Habe ich die Kraft, um hart genug zu arbeiten und lange genug durchzuhalten?

Wenn dieser Prozeß der Selbsterkundung nach seiner persönlichen Probezeit abgeschlossen sein wird, dann will Thomas Kropff alle Zweifel beiseitefegen und nur noch nach vorn schauen: »Wenn ich das wirklich will, dann schaffe ich es auch!« Diesen »optimistischen Realismus« hält er für den Schlüssel nicht allein zu einer möglichen Karriere als Abenteurer, sondern für die Grundlage eines zufriedenen Lebens.

Ein Anfänger kann noch aus einer weiteren Tatsache Mut schöpfen: Ein Mißerfolg ist ja immer nur der vorläufige Endpunkt einer Entwicklung. Es gibt viele Bergsteiger, die den Mount Everest beim ersten Mal nicht bezwungen haben und auch beim zweiten Mal nicht – und es dann nach einem dritten oder vierten Anlauf doch noch geschafft haben. Ein unkorrigierbarer Fehlschlag, egal in welchem Bereich, muß zudem nicht zwingend als Mißerfolg verbucht werden: Auch im Ausprobieren allein und in den verschiedenen Irrwegen kann man Erfüllung finden.

Daß es ohnehin unmöglich ist, die angestrebte Abenteurer-Karriere vorab in ein Schema zu pressen und nach dem Muster durchzuziehen »Talent, Neigung, Schlüsselerlebnis, Ziele setzen, stetiges Arbeiten, Durchhalten, Ziele erreichen, Erfolg« – daß eine Laufbahn Sinn ergeben kann, auch und gerade wenn sie diesem Muster völlig zuwiderläuft, zeigt das Beispiel Klaus Denart. Als er nach seiner Äthiopien-Reise mit Leberentzündung im Krankenhaus lag, fing er an, die Erlebnisse der zwei Jahre in einem Buch zu verarbeiten, und machte damit, nach heutigen Maßstäben, den ersten Schritt, eine Laufbahn als Berufs-Abenteurer einzuschlagen. Irgendwann aber stellte er sich die Frage: »Für wen schreibst du das eigentlich?« Zu dieser Zeit waren Globetrotter noch totale Außenseiter, ein Buch über eine solche Reise hätte wohl keinen Verleger gefunden. Klaus Denart ließ das Schreiben sein und schlitterte in eine Zeit der Orientierungslosigkeit. Die zwei Jahre in Afrika hatten ihn seiner Heimat entwöhnt, alles schien ihm dort jetzt eingeengt, steif und bürokratisch. Um wieder Fuß zu fassen, jobbte er zunächst an einer Schleuse des Nordostsee-Kanals bei Kiel. Doch der Anblick der Schiffe verstärkte nur sein Fernweh.

Dann aber ergatterte Klaus Denart ein Volontariat bei einer Tageszeitung und erkannte darin seinen Traumberuf. Journalismus, das war für ihn Selbstentfaltung, Spaß und freies Arbeiten – und damit auch ein Stück Abenteuer. »Das Volontariat zu bekommen«, weiß er heute, »war für mich die entscheidende Weichenstellung dafür, nicht ein Leben lang unterwegs zu sein.«

Zwar unternahm er weiterhin ausgedehnte Abenteuer-Touren, unter anderem trieb er sich mit seiner Frau und seinen Kindern monatelang mit dem Unimog in Afrika herum; dabei schlug er aber doch einen anderen Weg ein als später sein Reisegefährte Rüdiger Nehberg. Die Danakil-Expedition, an der Denart in seiner Rolle als NDR-Kameramann teilnahm, sollte zum Scheideweg werden. In einem Spiegel-Artikel des Jahres 1978 über deutsche Globetrotter und Abenteurer war auch diese Reise Gegenstand. Klaus Denart wurde durch den Artikel klar, daß er mit seinem Hobby inzwischen nicht länger einer Gruppe von Außenseitern angehörte, sondern daß eine neue Massenbewegung im Entstehen war – und daß diese Massenbewegung für ihr Tun ausgerüstet werden wollte. Er beschloß, seine praktischen Kenntnisse zu nutzen und die Marktlücke mit einem Fachgeschäft zu besetzen. Rüdiger Nehberg bot er an, dabei sein Partner zu werden, doch der zog es vor, selbst unterwegs zu sein statt andere auszurüsten und lehnte ab. Klaus Denart tat sich mit einem anderen Kumpel zusammen, gründete die Firma *Globetrotter Ausrüstung* und fand damit endlich seinen individuellen Weg, um das auszuleben, was ihn vorwärtstrieb.

Diese berufliche Lösung erwies sich im nachhinein als ideal für Klaus Denart, vielleicht schwang sie in seiner ersten unbestimmten Sehnsucht schon mit – aber vorherzusehen oder gar anzustreben war sie schon deshalb nicht, weil ja Faktoren bestimmend waren, die außerhalb seiner Möglichkeiten lagen und sich unabhängig von dem entwickeln mußten, was er bewegen konnte. Damit wird die berufliche Karriere in diesem Fall zu einem Labyrinth von Möglichkeiten mit Wegen, die aufgrund verschlossener Türen anfangs wie Sackgassen anmuten, zu bestimmten Zeiten aber als sinnvolle Lebensbahnen erscheinen – weil die Türen sich jetzt geöffnet haben. Vielleicht wäre Klaus Denart heute Buchautor und damit genauso glücklich, wären zu Zeiten seines Krankenhaus-Aufenthaltes Abenteurer-Bücher schon Bestseller gewesen.

Umgekehrt sollte, wer heute eine ähnliche Laufbahn einschlagen will, sich nicht davon motivieren lassen, daß der Abenteurer-Markt zu dieser Zeit boomt, im Gegenteil. »Ich mußte hart kämpfen, um mir meine Träume zu verwirklichen«, sagt Bruno Baumann, »aber die nächste Generation wird es noch viel schwerer haben durch die gegenwärtige Inflation von Sensationen. Zu Messners besten Zeiten konnte ein einziger Auftritt im Fernsehen oder ein einzelner Artikel schon genügen, und man war berühmt. Heute muß man ständig in den Medien präsent sein, um was zu gelten und um nicht morgen schon vergessen zu sein.«

Damit spricht Bruno Baumann etwas an, das kein Abenteurer gern zugibt, aber was sich doch auch nicht leugnen läßt: Neben allen Talenten, die nötig sind, um in seiner Branche zu bestehen, neben Mut, Tatkraft und einem Gespür für Situationen und Augenblicke unterwegs, bei der Auswertung zu Hause dann neben Fleiß, Geduld, einem dicken Fell bei Rückschlägen, neben der Bereitschaft zu nerviger Büroarbeit oder zur Akquisition von Sponsoren, muß der Abenteurer auch die Gabe haben, sich selbst in Szene zu setzen, seine Erlebnisse vielleicht auch ein bißchen zu überhöhen und das eigene Wesen in äußerer Erscheinung und Auftreten zu einem wiedererkennbaren Typus zu formen, ohne sich selbst dabei zu verbiegen.

PR-TALENT WIRD IMMER WICHTIGER

Nebennischen

Die wenigsten Profi-Abenteurer beschränken sich auf Vorträge als Einnahmequelle. Wer einen bekannten Namen hat, wirbt für Outdoor-Produkte, wer unterwegs gelegentlich Freiraum findet, schießt Werbefotos für Kataloge oder testet Produkte und trägt so zur Verbesserung des Ausrüstungs-Standards bei. Bergsteiger betreiben in ihrer Heimat Ski- oder Kletterschulen, weltreisende Biker bieten zu Hause geführte Fahrrad-Touren durch sehenswerte Naturlandschaften. Extrem-Abenteurer geben ihre Erfahrungen in Survival-Kursen weiter. Wer besonders detaillierte Kenntnisse gesammelt hat, schreibt Fachartikel, wer herausragend fotografieren kann, liefert Titelbilder für große Zeitschriften. Bücher schreiben sie fast alle, auch für Radio- oder Fernsehauftritte kann es Geld geben.

Bücher, Aufsätze, Katalog- und Kalenderfotos, Touristen-Führungen oder Kurse mögen für manch einen Liebhaberei sein oder nur Nebeneinkommen, sie haben doch immer auch eine zentrale Funktion für das Brot des Abenteurers: Sie machen ihn bekannt und werben für seine Vorträge. Mag er in den Nebennischen noch ohne Bereitschaft zur Selbstdarstellung auskommen, bei den Vorträgen würde er sich ohne PR-Talent hart tun.

Fernweh-Messe

Ihre ersten Super-8-Filme vor einem Vierteljahrhundert haben Erika und Klaus Beer noch als Teilnehmer organisierter Reisen gedreht. Diese Filme über Länder wie Marokko, Tunesien, Indien oder Nepal kamen in den Volkshochschulen ihrer Heimatregion gut an, und so steckten die Beers ihre ersten bescheidenen Erlöse in weitere Reisen, die sie schließlich auf eigene Faust unternahmen. Je mehr Leute zu den Vorträgen drängten, desto anspruchsvoller wurden die Filme, Erika und Klaus Beer bauten ihre Fertigkeiten als Filmemacher aus, investierten viel Geld in eine immer bessere technische Ausstattung, wagten schließlich, nachdem sie 19 abendfüllende Filme gedreht hatten, den Sprung von Super 8 auf 16 mm, und faßten im neuen Format so rasch Fuß, daß ihre 16-mm-Filme inzwischen, kaum vollendet, bundesweit auf Video veröffentlicht werden.

Erika und Klaus Beer haben in den 25 Jahren ihres Filmschaffens keine Gelegenheit ausgelassen, ihre handwerklichen Fertigkeiten zu verbessern, höchste Qualität ist ihnen ein Leitprinzip. Einen Bereich aber hat Klaus Beer perfektioniert: seine Öffentlichkeitsarbeit. In den 25 Jahren haben sich ein halbes Dutzend Ordner voller Zeitungsausschnitte angesammelt, auch die Radio- und Fernsehauftritte lassen sich nicht zählen, es gibt wohl kaum jemanden in Klaus Beers Heimatstadt, der ihn nicht kennen würde, und viele schätzen auch seine Filmarbeit.

Damit lagen also die besten Voraussetzungen vor, als Klaus Beer die Idee hatte, Anfang 1999 seine damals neueste 16-mm-Premiere That's America *in eine* Fernweh-Messe *mit Anbietern aus der Outdoor- und Reisebranche einzubetten. Mit dieser Messe lieferte er sein Meisterstück und entfesselte eine PR-Lawine, wie sie über seine Heimatregion zuvor noch nicht hereingebrochen war. Schon Monate vorher erschienen die ersten Berichte über die Messe, keine Ecke in Stadt und Landkreis, an der nicht wenigstens ein Anschlag geprangt hätte. Wurde irgendwo ein Plakat überklebt, war es Stunden später auch schon wieder ersetzt. Bald übertrafen sich die Medien gegenseitig mit Ankündigungen, und kaum hatte sich die erste große Welle der Berichterstattung erschöpft, legte Klaus Beer nach mit einer Unterschriftenaktion gegen das Robbenschlachten in Kanada, die er mit seiner Filmpremiere startete, und wieder erschien so mancher Artikel mit Hinweis auf die Messe.*

Zur ersten der beiden Premierenvorstellungen strömten die Zuschauer so zahlreich, daß die 800 Plätze der Halle in kürzester Zeit belegt waren, zu Dutzenden mußten die Leute auf die nächste Vorstellung vertröstet werden, und auch diese nächste Vorstellung zwei Stunden später war, wenn auch nicht ausverkauft, so doch sehr gut besucht. Hätte ein Filmemacher mit den gleichen handwerklichen Fertigkeiten aber weniger Entschlossenheit zu erschöpfender PR-Arbeit den gleichen Erfolg verbuchen können?

Show und Selbstvermarktung

Für Klaus Beer steht fest: »Wer sich nicht selbst vermarkten kann oder wenigstens jemanden hat, der es für ihn übernimmt, und wer vor Publikum nicht als angenehme Persönlichkeit rüberkommt, der man sich gern mal einen Abend lang anvertraut, der hat null Chancen, in der Fülle von Vortragsangeboten beachtet zu werden, zumal die Leute ja durch das Fernsehen schon mit Bildern überflutet werden. Eine sehr gute PR-Arbeit ist die Grundvoraussetzung dafür, daß jemand seinen gemütlichen Fernsehsessel verläßt, sich ins kalte Auto setzt, zum Vortragssaal fährt und dort für eine zweistündige Show 15 bis 20 Mark ausgibt.«

Sehr gute PR-Arbeit, dazu gehört es für Klaus Beer nicht allein, Plakate zu kleben und zu hoffen, daß die Medien schon gebührend über seine Veranstaltung berichten; nach kostenintensiven Vortrags-Reinfällen infolge mäßiger Berichterstattung überläßt er nichts mehr dem Zufall und pflegt seine Kontakte zu Presseleuten so intensiv und persönlich, daß es ihm immer wieder gelingt, nicht irgendwelche, sondern seine eigenen selbstgeschriebenen Artikel über sich unterzubringen. Seine PR-Maschinerie sieht Klaus Beer nicht als Mittel der Selbstdarstellung, sondern als absolutes Muß, will man in der Vortragsbranche nicht in kürzester Zeit untergehen.

Mit dieser Ansicht steht er nicht allein da. Obwohl Bruno Baumann sich weigert, »eine Expedition bis zum letzten Pfennig auszubeuten«, und obwohl er der Meinung ist, eine Abenteurer-Existenz sei in bestimmten Nischen auch ohne PR-Rummel möglich, räumt er doch ein: »Wer ein geniales Showtalent besitzt, ist seinen Kollegen einen großen Schritt voraus. Durch das Geld, das er mit gut besuchten Vorträgen verdient, hat er unterwegs mehr Freiraum, bringt dadurch bessere Leistungen, was sich dann bei den Vorträgen wieder auszahlt.«

Auch Michael Martin hält PR für den »entscheidenden Faktor«. Es gebe Leute, die außerordentlich spektakuläre Reisen machen, die aber ewig unbekannt bleiben werden, weil sie es nicht verstehen, ihre Erlebnisse zu vermarkten. Wer Erfolg in dieser Branche haben wolle, der müsse mit den Medien umgehen können und eine gute Bühnenpräsenz haben.

Arved Fuchs drückt es noch drastischer aus: »Wer heute als professioneller Abenteurer überleben will, der muß sich prostituieren. Ob im Bereich Sponsoring oder bei Vorträgen, Geld kommt nur durch Kontinuität und Seriosität in Kombination mit regelmäßiger Medienpräsenz herein. Es geht nicht ohne Öffentlichkeitsarbeit.«

Mit Abstand das größte Talent, durch spektakuläre Aktionen im Gespräch zu bleiben und damit für seine Arbeit zu werben, hat Rüdiger Nehberg. Auch wem der Name Nehberg zunächst nichts sagen mag – ergänzt man, das sei der Hamburger Ex-Konditor, der lebende Würmer verspeist und totgefahrene Katzen grillt, weiß jeder sofort, wer gemeint ist. Rüdiger Nehberg gibt zu, daß er so manche Aktion sehr wohl auch wegen ihrer PR-Wirksamkeit anzettelt; was er allerdings nicht mag sind Unterstellungen, es ginge ihm grundsätzlich nur um Selbstdarstellung. Er selbst schätzt es so ein: »Außergewöhnliche Bilder sind mir Mittel zum Zweck. Die Leute zu verblüffen, macht außerdem einen Mordsspaß. Natürlich dominiert das Spektakuläre in der Erinnerung, aber es bleibt immer auch vom Sinn was hängen. Hätte ich mich darauf beschränkt, wegen der Yanomami lediglich Protestbriefe an die brasilianische Regierung zu schicken, ich hätte wohl überhaupt nichts bewirkt. So aber ist die breite Bevölkerung auf den Mord an den Indianern aufmerksam geworden, und es ist etwas zu ihrem Schutz in Bewegung gekommen.«

PR und Menschenrechtsarbeit sind bei Rüdiger Nehberg schwer zu trennen – alles was er tut bildet eine Einheit und wirkt zusammen in eine Richtung. Viele spektakuläre Aktionen, die wie reine PR-Gags anmuten, hat er auch gar nicht als solche inszeniert: Es ist ihm ja Training für den Ernstfall, durch unappetitliche Speisen seinen Ekel zu überwinden oder sich im Winter ein Badeloch ins Eis zu hacken, um sich abzuhärten. Von allen auf Schock-Effekt angelegten Wagnissen gibt es nur ein einziges, das er kein zweites Mal eingehen würde: Um ein Hingucker-Foto für einen Artikel zu haben, wollte er in den Bauch eines lebenden Krokodils kriechen. Den Plan in die Tat umzusetzen, erwies sich wegen der Robustheit von

Krokodilen gegenüber Betäubungsmitteln als ungeheuer aufwendig, sinnlos gefährlich und schließlich undurchführbar.

Das Experiment zeigt aber, wie schon das mit der Würgeschlange, wie das Vorgehen Rüdiger Nehbergs wirklich einzuschätzen ist. Der Begriff »Showtalent« nämlich greift bei ihm in doppelter Hinsicht daneben. Was ihn bekannt gemacht hat wie keinen anderen Abenteurer, ist schon mal nicht auf angeborene Treffsicherheit zurückzuführen; Rüdiger Nehberg macht nichts anderes als zu versuchen, das was ihn selbst vorwärtstreibt mit dem in Einklang zu bringen, was das Publikum interessiert. Er probiert seine Ideen aus, die eine kommt an, die andere nicht: »Im langjährigen Durchschnitt geht jedes zweite Unternehmen in die Hose.« Daß er sich nicht scheut, über die gescheiterten Versuche genauso nüchtern und selbstkritisch zu berichten wie über die gelungenen, rückt die Vermutung zurecht, da ginge es einem nur darum, sich mit einem wilden, unfehlbaren Abenteurer-Image in Szene zu setzen. Rüdiger Nehberg arbeitet vielmehr daran, sein Publikum immer genauer kennenzulernen. Was er dabei festgestellt hat, ist: »Die Leute interessieren sich vor allem für das, was für sie begreifbar und nachvollziehbar ist.« Selbstvermarktung ist damit nichts anderes als eine umfassende Kenntnis darüber, welche Bedürfnisse das Publikum hegt – und die Entschlossenheit, genau diese Bedürfnisse zu befriedigen. Nicht das, was er selbst für toll hält, packt Rüdiger Nehberg in seine Vorträge, sondern das, was ihn die Leute als von Interesse gelehrt haben.

Thomas Kropff mag noch am Anfang seiner Laufbahn stehen, auch er hat diese Grundregel bereits begriffen. »Bei einem Vortrag geht es nicht darum, ein Theater abzuziehen, sondern darum, ein Gespür für das Publikum zu entwickeln und zu erkennen, was man bringen muß, damit die Leute sich nicht langweilen.« Erfolg als Abenteurer hat demnach einer, der erkennt, welche Leistung für das Publikum von Interesse ist, der dann genau diese Leistung erbringt – und der es zusätzlich noch versteht, bekannt zu machen, daß er die Leistung erbracht hat.

Genau aus diesem Grund ist Thomas Mack Aussteiger und nicht Berufs-Abenteurer. »Wenn ich die Hälfte meiner Zeit für Termine und Interviews opfern und wenn ich tausendmal den selben Film oder die selben Dias zeigen muß, dann bin ich in anderer Form wieder in der gleichen Tretmühle gefangen, aus der ich eigentlich entkommen wollte. Wenn ich dann aber auch noch darauf achten muß, nur das zu machen, was beim Publikum ankommt, dann ist das für mich das Gegenteil der Freiheit, die ich eigentlich anstrebe.«

Peter Gebhard sieht es ähnlich. »Das Thema Show stürzt mich immer wieder in ein großes Dilemma. New York als Vortragsinhalt würde kaum auffallen, also müßte ich auf Sensationen draufhalten, aber das widerstrebt mir.« Sein Ausweg aus der Herausforderung, in die Tiefe gehen zu wollen, aber ein Massenpublikum anlocken zu müssen, ist ein Mittelweg. Er fängt seine Zuschauer mit Populärem und nimmt sie dann dorthin mit, wo er sie haben will.

Um die Kosten für ihre bis zu 100.000 Mark teuren Filme wieder einzuspielen, sind Erika und Klaus Beer gezwungen, sich bei der Themenauswahl mehr nach dem Publikumsgeschmack als nach persönlichen Interessen zu richten. Filmvorträge über Nordamerika, Australien oder Neuseeland, so hat die Erfahrung gezeigt, locken weitaus mehr Zuschauer in die Säle als Filme über exotische Länder. Zwar würden die Beers persönlich lieber in Indien oder in der Wüste Sahara drehen, so wie in der Anfangszeit ihres Filmschaffens; doch ein Flop bei der Premiere könnte leicht zerstören, was in Jahren aufgebaut wurde, und so finden sich Erika und Klaus Beer damit ab, Reisen zu machen, die sie selbst nur bedingt reizen, die für Normaltouristen aber nachvollziehbar sind.

Das zeigen, was die Masse sehen will, das erzählen, was am wenigsten aneckt – muß man ein Meister des Kompromisses sein, um als weltreisender Filmemacher und Fotograf, als Berufs-Abenteurer überleben zu können?

STATT FREIHEIT NUR KOMPROMISSE?

Bruno Baumann macht nicht nur im wesentlichen das, was er immer machen wollte, er kontrolliert sein Tun sogar sehr genau darauf, ob er womöglich unbewußt dem Zeitgeist auf der Spur ist, denn: »Würde ich Kompromisse schließen, statt meinen Träumen zu folgen, würde ich meine eigene unangepaßte Lebensform in Frage stellen.«

Populäre Themen zu wählen oder eine Reise so zu inszenieren, daß sie später als Vortrag einer optimalen Dramaturgie folgt, das würde Bruno Baumann nie einfallen. Doch mag er inzwischen auch in einer Position sein, in der er sich seine Projekte aussuchen kann, es gab doch auch Zeiten, in denen er alles machen mußte, um ein paar Mark zu verdienen. Mit damals hat es zu tun, wenn er auch heute zuweilen einen Auftrag annimmt, der ihm eigentlich nicht in den Kram paßt – denn er will die Leute, die ihm anfangs geholfen haben, nicht im Stich lassen, nur weil er es sich jetzt leisten könnte, auch mal Nein zu sagen.

Die Laufbahn von Bruno Baumann zeigt aber auch, daß eine kompromißlose Haltung nicht in allen Lebensbereichen zu vollendetem Glück führt. Erfolg als Abenteurer und dazu noch ein normales Privatleben, das zu haben erwies sich als unmöglich. Abstriche beim Abenteuer wollte er nicht machen, also nahm er es hin, daß eine langjährige Partnerschaft zerbrach, weil er damit beschäftigt war, sich selbst zu verwirklichen. Eine Familie zu gründen, von diesem Wunsch hat er sich inzwischen verabschiedet.

Bruno Baumann hat auf vieles verzichtet, sein Weg war einer der steinigsten. Vielleicht haben sich andere Berufs-Abenteurer auch deshalb etwas leichter getan als er, weil sie kompromißbereiter waren. Bei den meisten Vortrags-Profis steht bei der Nachbearbeitung einer Reise die Frage im Vordergrund, was das Publikum interessieren könnte. Doch auch wer sich in diesem Punkt noch so weit nach den Wünschen der Masse richtet, die Reise selbst wird doch nach eigenem Interesse gestaltet.

Arved Fuchs würde niemals eine Tour zurechtbiegen, nur um seinen Sponsoren zu genügen. Unterwegs macht er das, was er machen will. Den Wünschen eines Geldgebers folgen könne er auf Reisen gar nicht, denn er müsse sich völlig mit einem Projekt identifizieren, um die Strapazen bewältigen zu können.

Die Mehrheit der Abenteurer, sagt Andreas Pröve, will unterwegs die eigenen Fähigkeiten erproben – der Gedanke an Publicity spiele dabei noch keine Rolle.

Rüdiger Nehberg prüft ein mögliches Projekte auf vier Kriterien: Es muß ihm liegen, es muß ihn reizen, es darf nicht idiotisch sein, und er muß genug Zeit dafür haben. Auch für ihn spielt die spätere Vermarktung vor der Reise oder unterwegs noch keine Rolle.

Aber was dann? Wie findet ein Abenteurer zu seinen Abenteuern?

3. KAPITEL

DIE SUCHE NACH DEM PERSÖNLICHEN ABENTEUER

ES GIBT KEIN NEULAND MEHR ZU ENTDECKEN

Leben wie Grzimek...

1994 begann Wolfgang Uhls Karriere sich in eine neue Richtung zu entwickeln. Zuvor hatte er, nach einer Ausbildung als Speditionskaufmann und zwei Jahren bei der Bundeswehr, auf eigene Faust Expeditionen zu verschiedenen Naturvölkern unternommen und darüber Bücher veröffentlicht. Parallel dazu hatte er 1980 begonnen, in seiner Heimatstadt ein Spezialgeschäft für Fernreisen aufzubauen. Gegründet hatte er sein Ausrüstungs-Depot *in einem mickrigen Häuschen, das nicht mehr war als 30 Quadratmeter umbauter Raum; für Wärme sorgte ein Kohleofen für 20 Mark. Freunde und Bekannte ließen keinen Zweifel daran, daß sie ihm keine Chance gaben. Auch sein Vater, von Beruf Post-Oberinspektor, betrachtete den Winzladen mit Argwohn, ließ den Sprößling aber gewähren.*

Schon ein Jahr später zog Wolfgang Uhl mit seinen Waren in ein Haus, das zwar nur wenig komfortabler, aber doch gut fünfmal so groß war. In diesem Geschäft richtete er sich auf Dauer ein, verdiente damit seinen Lebensunterhalt und schrieb, wenn gerade mal keine Kunden im Laden waren, seine Bücher. Damit würde er vielleicht auch heute noch seine Tage zubringen, wäre er nicht 1993, wie er es heute ausdrückt, »aus seinem Dornröschenschlaf gerissen worden«.

Die eine entscheidende Veränderung war zunächst unerfreulich: Das Haus, in dem das Ausrüstungs-Depot *untergebracht war, sollte abgerissen werden, Wolfgang Uhl mußte sich nach neuen Geschäftsräumen umsehen. Der Laden, den er schließlich fand, lag zwar weitaus günstiger als die bisherigen beiden Unterkünfte und hatte deutlich mehr Verkaufsfläche, war aber nicht nur stark renovierungsbedürftig, sondern mußte auch von Grund auf umgebaut werden.*

Umbau, Renovierung und Umzug allein wären schon Arbeit genug gewesen. Doch es wartete noch eine zweite Herausforderung auf Wolfgang Uhl. Schon immer war ihm daran gelegen gewesen, seine

Reisen zu den letzten Naturvölkern auch im Film zu dokumentieren, um damit Verständnis für extreme Landstriche und deren Bewohner zu wecken und dazu beizutragen, denen, die ohnehin schon nicht mehr unentdeckt sind, einen allzu krassen Kulturschock zu ersparen.

Mit diesem selbstgewählten Auftrag war er unter anderem an den Hessischen Rundfunk – *heute* Hessen Fernsehen (HR 3) – *herangetreten, hatte einige seiner Bücher beigelegt und angefragt, ob der Sender interessiert sei, aus seiner nächsten Tour zu den Wedda, den Ureinwohnern Sri Lankas, eine Fernsehreportage zu machen. Mitten in die Verlegung des* Ausrüstungs-Depots *hinein kam jetzt die Zusage.*

Wolfgang Uhl nahm auch diese Herausforderung an, leitete parallel zum Geschäfts-Umzug seine erste TV-Expedition und ist seitdem wissenschaftlicher Berater und Expeditionsleiter beim Hessen Fernsehen *für die ARD-Sendereihe der dritten Programme* Länder – Menschen – Abenteuer. *In der Regel liegt seine Aufgabe darin, Vorschläge für neue Themen zu machen, bei einer ersten Recherche die Gegebenheiten zu erkunden, bei dem betreffenden Naturvolk anzufragen, ob eine Dokumentation überhaupt erwünscht sei, bei Einverständnis auch offiziell die Drehgenehmigung einzuholen, Dolmetscher zu verpflichten und dann bei einer zweiten Expedition ein Team des* Hessen Fernsehens *vor Ort zu führen, den Kontakt herzustellen und die Dreharbeiten zu organisieren.*

Nach den ersten erfolgreichen Expeditionen im Auftrag des Hessen Fernsehens *traf Wolfgang Uhl durch Zufall die Mutter eines früheren Schulfreundes. Die Frau gratulierte ihm und meinte, jetzt habe er ja erreicht, was er sich schon als kleiner Bub gewünscht habe. Wolfgang Uhl stutzte. Da erklärte die Frau: »Na, du hast doch in der zweiten Klasse schon immer gesagt, du willst mal ein Leben führen wie Grzimek.« Als er das gehört habe, sei ihm eine Gänsehaut über den Körper gelaufen, denn erst jetzt erinnerte sich Wolfgang Uhl, daß es wirklich sein Kindheitstraum war, durch die Welt zu reisen und seine Erlebnisse in eigenen Sendungen zu verarbeiten.*

Indes: Daß der Kindheitstraum mit seiner Expeditionsleiter-Tätigkeit wahr geworden sei, dieser Meinung ist Wolfgang Uhl nicht. Denn Länder – Menschen – Abenteuer *ist ja nicht seine eigene Sendung, er ist nur einer von vielen, die an diesem Klassiker der dritten Pro-*

gramme mitarbeiten. Nicht, daß er unzufrieden wäre; was ihn ein bißchen melancholisch stimmt, ist ein Satz aus einem Gespräch mit einem der Fernsehleute: »Wolfgang, vor 30 Jahren hättest du mit dem, was du machst, deine eigene Sendung gehabt.« Dieses Gespräch hat Wolfgang Uhl in der Ansicht bestärkt, daß man zwar immer noch als Abenteurer seinen Lebensunterhalt verdienen und aus den heutigen Herausforderungen das Beste machen kann, daß die Zeit der großen Expeditionen aber vorüber ist, was für ihn selbst nichts anderes bedeutet als: »Ich bin 30 Jahre zu spät geboren.«

Die höchsten Berge der Welt sind – mit und ohne Sauerstoff – bestiegen, die Pole zu Fuß erreicht, schwierige Schiffspassagen ausgelotet, die undurchdringlichsten Dschungelgebiete und lebensfeindlichsten Wüsten durchquert, die Erde ist im Schiff umsegelt und im Ballon umrundet. Um abenteuerliche Rekorde zu finden, die weltweit für Erstaunen sorgen, muß der Abenteurer lange suchen. Daß er kein Neuland mehr entdecken kann, ist dabei nicht der einzige grundlegende Unterschied, der ihn von seinen Vorbildern trennt. Für die Entdecker von einst wurde die eigentliche Herausforderung noch um ein Vielfaches erschwert durch eine Ausrüstung, die zuweilen eher Hindernis denn Hilfe war.

Um den Vorreitern nahe zu sein, unterwerfen sich viele gegenwärtige Abenteurer der Regel *by fair means* – frei übersetzt »ohne technische Hilfsmittel«. Doch schon mit dem Allerwenigsten an moderner Ausrüstung und dazu den Kenntnissen, die er sich im Vorfeld einer Expedition beschaffen kann, ist der Abenteurer von heute seinen Vorbildern um Längen überlegen. Der *Geo*-Autor John Tierney schreibt in seinem Aufsatz *Der Ruf der Wildnis* über den Expeditionsleiter, mit dem er es bei einem Trip durch Kanadas Polarregion zu tun hatte: »Die modernen Extremurlauber werden häufig als klägliche Imitationen der Titanen von einst abgetan, aber wenn ich mir Schurke so ansah, war mir klar, daß er genau das Gegenteil war: zu gut ausgerüstet, um zu scheitern. Zu erfahren, zu fähig und zu fit. (...) Die meisten der berühmten alten Polarforscher hätten es mit einem wie Schurke niemals aufnehmen können.«

Gut ausgerüstet und fit, vor allem aber gesättigt mit den Erfahrungen der Vorreiter – es gibt kaum noch Unternehmungen, bei denen totale Ungewißheit zu erwarten wäre. »Was viele andere schon gemacht haben«, sagt denn auch kategorisch Klaus Beer, »das ist kein Abenteuer mehr, denn es fehlt die Herausforderung.«

Bruno Baumann teilt diese Ansicht nicht. »Auch wenn etwas früher schon mal gemacht worden ist, heißt das ja nicht, daß es auch korrekt durchgeführt wurde. Ich glaube zum Beispiel nicht, daß Sven Hedin die Wüste Takla Makan auf faire Weise durchquert hat. Wahrscheinlich hat er sich mit Waffengewalt aller Wasservorräte bemächtigt und so auf Kosten seiner Träger überlebt.«

Da sich der geistige Hintergrund der Abenteurer von heute grundlegend von dem vor 100 Jahren unterscheide, da Expeditionen heute nicht mehr auf Eroberung, Gewinn- und Machtstreben ausgerichtet seien, sondern – zumindest bei den meisten seiner Kollegen – die persönliche Herausforderung im Vordergrund stehe, seien Abenteuer in bereits durchmessenen Regionen alles andere als nichtig, sie fänden erst jetzt ihren wahren Sinn. Wer sich der Natur wirklich aussetze, werde, heute noch wie damals, reich belohnt. Einer, der mit dem Jeep durch die Wüste rase, degradiere sie zur Kulisse; wer aber zu Fuß darin unterwegs sei, der komme durch die Einfachheit der Formen und die absolute Stille zwangsläufig dazu, sich mit sich selbst auseinanderzusetzen und Gedankenketten ohne Unterbrechungen fortzuspinnen. Das ist es, was Bruno Baumann jenseits aller Rekorde sucht, wenn er zu einer Wüsten-Wanderung aufbricht.

Auch Heinz Kallin hat nicht das Gefühl, als Abenteurer zu spät dran zu sein. Er will nicht der erste sein oder sonstige Rekorde brechen, sondern ein Land für sich selbst entdecken.

Inhalte – das ist das Stichwort für Arved Fuchs. Es gehe nicht um »Firsts«, ein gutes Abenteuer habe eine Aussage, so wie bei seiner Expedition *Arctic Passages*, mit der die Leistung historischer Vorreiter geehrt worden sei. Sportliche Herausforderung statt Rekordjagd um jeden Preis – damit bleibe ein weites Betätigungsfeld für kommende Generationen.

Wäre Thomas Kropff nicht der selben Meinung, er könnte gleich sein Berufsziel ändern. Die Welt sei so groß, es gebe noch so viel zu entdecken – es müsse ja keine berühmte Wüste sein, und selbst wenn: Jeder habe seine eigene Herangehensweise, ein und dieselbe Reise werden von jedem völlig anders erlebt. Die Zukunft liege darin, ein Abenteuer niveauvoll zu gestalten und auf seine ganz persönliche Weise weiterzugeben. Damit sei man als Abenteurer auch in 20 Jahren noch nicht zu spät dran.

Rüdiger Nehberg bringt es auf den Punkt: »Alle Zeiten haben ihre Herausforderungen gehabt. In der Steinzeit wäre ich mit meinen Tricks ein Witz gewesen. Das Leben bleibt auf jeden Fall spannend. Wenn nichts Neues mehr zu entdecken ist, kann man ja Verbrecher jagen oder in Krisengebieten helfen.« Wer Phantasie habe, müsse sich um neue Betätigungsfelder als Abenteurer keine Sorgen machen. Er selbst habe nach seinem ersten Buch unbedingt ein zweites schreiben wollen, doch zunächst sei ihm keine Idee gekommen. Inzwischen hat Rüdiger Nehberg 15 Bücher verfaßt – und macht sich keine Sorgen mehr, daß ihm nicht noch Einfälle für ein nächstes und ein weiteres kommen könnten.

Thomas Mack sieht im früheren Ostblock ein großes Potential für neue Abenteuer: »Das weite russische Land zieht mich unwahrscheinlich an, ob zu Fuß, mit dem Auto oder Motorrad.«

Dirk Thiele betrachtet es als große Herausforderung, per Pferdekutsche auf Feldwegen von Niedersachsen aus in die Masuren zu fahren und seinen Söhnen unterwegs einen Schatz an praktischem Wissen über die Tier- und Pflanzenwelt zu vermitteln.

Für spannende Erlebnisse und außergewöhnliche Bilder, so die Meinung von Klaus Beer, muß man nicht mal die eigene Stadt verlassen. Einen seiner größten auch internationalen Erfolge feierte er mit der Foto-Ausstellung »Augenblicke einer Stadt – ein Tag im Leben von Hof«. Von 0 Uhr bis 24 Uhr eines beliebigen Tages sammelte er für diese Ausstellung Alltags-Motive in Schwarzweiß: Stadtstreicher-Gelage nachts um eins, das erste Brötchenbacken um zwei, die Unfallaufnahme des Klinikums um drei, frisch ausgeblutete Schweineleiber im Schlachthof beim ersten Morgengrauen... Durch die ungewöhnliche Aufgabenstellung des 24stündigen Fotomarathons, so sagt Klaus Beer, habe er einen unvergleichlichen Tag erlebt und dabei seine Heimatstadt ganz neu betrachten gelernt.

Auf Ideen kommt es an. Ein neues Abenteuer muß nicht auf ganz neuen Wegen beruhen, auch eine neue Kombination bekannter Varianten kann zu reizvollen Aufgaben führen. Der Mount Everest mag zigfach bestiegen sein, aber ist je einer den Berg aus eigener Kraft von Meereshöhe aus angegangen? So kam der junge Schwede Göran Kropp, wie in Jon Krakauers *In eisige Höhen* nachzulesen ist, auf die Idee, sich in seiner Heimat aufs Rad zu schwingen, zum Fuß des höchsten Berges der Welt zu strampeln, in einem Zug mit der Besteigung weiterzumachen und dann auf Höhe Null zurückzuradeln. Den Gipfel verfehlte er zwar um wenige Meter, aber er erlebte ein einzigartiges, thematisch völlig neues Abenteuer.

Rüdiger Nehberg trat in der Wüste Australiens gegen einen greisen Ureinwohner und einen jungen, kraftstrotzenden amerikanischen Triathleten an. Survival-Spezialist gegen Naturmensch gegen Extremsportler, die Idee allein ist spannend genug. Daß dann auch noch der alte Aborigine weit voranzog und mit seiner Leistung im Kampf gegen den Alkoholismus unter seinen Landsleuten ein entscheidendes Stück vorankam, gibt dem Abenteuer über die reizvolle Grundkonstellation und die sportliche Herausforderung hinaus einen Sinn, der alle Menschen berührt, auch jene, die sich weder für Sport noch für Abenteuer interessieren.

Auch Axel Brümmer und Peter Glöckner haben für sich erkannt, daß es nicht die einzigartige Leistung ist, die ein Abenteuer zum Erlebnis macht. Ihnen ist es gelungen, zwei Rekorde aufzustellen, die noch keinem zuvor in den Sinn gekommen wären: Sie durchquerten als erste sämtliche Wüsten Australiens hintereinander mit dem Fahrrad, und sie waren die ersten Menschen, die einen der großen Nebenflüsse des Amazonas von der Quelle bis zum Atlantik durchpaddelten. Im Vorfeld dieser beiden Reisen, so erinnern sich Axel Brümmer und Peter Glöckner, hätten sie zeitweise echte Angst gehabt, Angst vor den unendlichen Wüsten Australiens, Angst vor den Wildwasser-Fallen des Amazonas-Flußsystems; unterwegs jedoch, als sie merkten, daß die Touren bei weitem nicht so gefährlich waren wie angenommen, wurde ihnen das bloße Unterwegssein für den Rekord rasch langweilig, und sie stellten das in den Vordergrund, was ihnen ohnehin immer am wichtigsten war: die Befriedigung daran, sich aus eigener Kraft vorwärtszubewegen, und die Auseinandersetzung mit fremden Kulturen.

Um in einer Zeit der Rekordjagden daran zu erinnern, daß es auf den Sinn eines Abenteuers ankommt, nicht auf spektakuläre Leistungen, hat Klaus Denart mit seinem Geschäft einen Preis ins Leben gerufen: den *Globetrotter des Jahres*. Jedes Jahr wählt die Jury, der unter anderem Rüdiger Nehberg und Arved Fuchs angehören, eine Person, die durch eine außergewöhnliche, individuelle Reise auf sich aufmerksam gemacht hat. Prämiert wird nicht die sportliche Höchstleistung, sondern es soll das sanfte Reisen gefördert werden, ein Reisen, das Rücksicht nimmt auf Natur und Kultur des Gastlandes. Die Teilnahmebedingungen legen fest: »Wir wollen Leistungen von Individualisten honorieren, die Länder nicht im Schnellgang abhaken, sondern die sich für ein Schwerpunktthema engagieren. Reisende, die sich mit Land und Leuten auseinandersetzen, sich mit Kultur und Geschichte beschäftigen, sich vielleicht die Sprache der Einheimischen aneignen. Wir suchen Globetrotter im klassischen Sinn; Menschen, die mit Leidenschaft an ein Gebiet herangehen. (...) Es muß keine Fernreise sein, aber sie sollte abseits ausgetretener Pfade stattgefunden haben.«

Klaus Denart und sein Unternehmen würdigen mit dem *Globetrotter des Jahres* Reisende, die nicht nach Rekorden oder Sponsoren fragen, bevor sie aufbrechen, sondern einfach nur tun, was sie im Herzen haben. Damit scheiden sie den Abenteurer, der sich und der Welt etwas beweisen will, von dem, der einer höheren Sache wegen unterwegs ist. Auch in dieser Kategorie von Abenteurern lassen sich noch einmal zwei Gruppen unterscheiden.

SELBSTZWECK ODER MITTEL ZUM ZWECK?

Sich einfach auf den Weg machen

Alois Hofmanns Abenteurerleben begann im Vorschulalter auf der Intensivstation. Die Monate, in denen er ans Bett gefesselt war, nutzte er, um sich selbst das Lesen beizubringen, seine ersten Ausflüge ins Land der Bücher führten ihn in die Antike. Das Interesse an vorchristlichen Zeiten hielt über Kindheit und Jugend hinweg an, und als sich Alois Hofmann endlich eine erste Reise auf eigene Faust leisten konnte, fuhr er mit dem Motorrad zu den Ruinen Griechenlands, später besuchte er die heiligen Stätten der großen Weltreligionen. Die Leidenschaft für historische Schauplätze hatte ihn in die Welt hinausgetrieben; bald fand Alois Hofmann auch am Reisen selbst immer mehr Gefallen, im Lauf der Jahre durchstreifte er Afrika, Mexiko, Indonesien, Kambodscha, Vietnam, Laos...

Die Zeit auf der Intensivstation hatte noch eine andere Folge: Alois Hofmann blieb in seinen sportlichen Leistungen lange Zeit hinter seinen Altersgenossen zurück. Das weckte seinen Ehrgeiz, und dieser Ehrgeiz machte sich, geschürt durch Bruce-Lee-Filme, am Kampfsport fest. Als er erstmals zu Hanteln griff, um gegen sein Übergewicht anzugehen, war er 16 Jahre alt und 115 Kilogramm schwer. Um an einem Kampfsport-Training teilnehmen zu können, mußte er, Sommer wie Winter, hin und zurück über 100 Kilometer auf dem Mofa über stark befahrene Landstraßen kriechen.

Nach der Schule absolvierte Alois Hofmann eine Lehre als Maschinenschlosser. Doch der Kampfsport drängte mehr und mehr in den Vordergrund. Über den Verein, in dem er die ersten Techniken geübt hatte, wuchs er rasch hinaus, einen Trainer, der ihm hätte weiterer Richtungsgeber sein können, gab es weit und breit nicht. Also orientierte sich Alois Hofmann an den Helden der Karatefilme, sah sich von ihnen die verschiedensten Stile ab, erprobte sie nach eigenem Ermessen. Ohne selbst einen Lehrmeister gehabt zu haben, grün-

dete er in einem etablierten Sportverein seiner Heimatstadt eine Kickbox-Abteilung, wurde Trainer dieser Abteilung, baute andere Nachwuchstalente auf. Und arbeitete verbissen weiter an sich selbst.

Als er seine Ausbildung als Maschinenschlosser beendet hatte, war längst der Kampfsport sein Beruf geworden – ein Beruf ohne Einkommen freilich. Also hielt sich Alois Hofmann mit Gelegenheitsjobs über Wasser. Sich selbst trainieren, andere trainieren, Pakete schleppen, eisern sparen und auf Reisen gehen, so verbrachte Alois Hofmann Jahr um Jahr seiner Zeit als junger Mann. Zwar habe er dabei die Vision verfolgt, als Kickboxer erfolgreich zu werden, den Weltmeistertitel aber habe er nie als konkretes Ziel vor Augen gehabt. Wer sich ein derart hohes Ziel steckt, sagt er heute, der wird den Sport zu oberflächlich betreiben, um darin der Allerbeste zu werden. Ihm selbst sei es immer darum gegangen, die Bewegungsabläufe so perfekt wie möglich auszuführen.

Mit dieser Leitlinie führte er zunächst andere Sportler aus seiner Abteilung zum Erfolg, seinen Schützling Bodo Daniel sogar zum Weltmeister-Titel. 1985 nahm Alois Hofmann selbst an den Weltmeisterschaften in London teil. In den entscheidenden Kampf ging er mit dem Ziel, einfach nur sein Bestes zu geben. Und sein Bestes erwies sich tatsächlich als gut genug: Nach 13 Jahren konsequenten Trainings wurde der Kampfsport-Autodidakt Alois Hofmann Kickbox-Weltmeister im Schwergewicht.

Eine Karriere wie in einem Hollywoodfilm. Doch dem Happy End folgte Ernüchterung. Für den Sieg hatte es kein Preisgeld gegeben, nicht mal Spesen oder Hotelkosten wurden ersetzt. Nachdem er in der Fernseh-Show Wetten daß..? *als Weltmeister präsentiert worden war, legte sich der Rummel auch schon wieder, und im Grund war Alois Hofmann schlechter gestellt als vorher. Er hatte einen Titel, der ihm kein Geld einbrachte, dafür war ihm die zentrale Vision seines Lebens genommen. Das schlimmste aber war: Der Weltmeisterschaftskampf hatte ihm gezeigt, daß er sich im Zenit seiner körperlichen Leistungsfähigkeit befand. In anderen Sportarten mag es ohne Belang sein, wenn die Reaktionsschnelligkeit nachläßt – ein Kickboxer aber spielt mit seiner Gesundheit, vielleicht mit seinem Leben. Alois Hofmann tat, was die Vernunft ihm gebot, auch wenn es noch so schwer fiel: Er zog sich noch im Jahr seines Triumphes aus dem aktiven Sport zurück. Da er nach wie vor kein festes Einkommen hatte, mußte er sich rasch etwas einfallen lassen.*

Vielleicht hätte ihm der Weltmeistertitel doch zu etwas nütze sein können: Alois Hofmann hätte anfangen können, seine Reisen zu vermarkten, in welcher Form auch immer. In der Wildnis unterwegs zu sein, das war ihm ja immer genauso wichtig gewesen wie sein Sport. Doch er entschied anders. So hart es ihm auch fiel nach mehr als einem Jahrzehnt, in dem er sich immer nur hatte treiben lassen – Alois Hofmann nahm einen Kredit auf für ein Fitneß-Studio, begab sich damit in Abhängigkeit, hatte sich plötzlich mit unternehmerischer Verantwortung und einem geregelten Arbeitsleben mit täglich weit mehr als acht Stunden abzufinden. Dazu noch der Verzicht auf den aktiven Sport...

Alois Hofmann ist sich sicher, daß er diese Übergangszeit vor allem deshalb relativ mühelos meisterte, weil er sie mit dem festen Vorsatz anging, sich durch den neuen Lebenswandel nicht auch noch seine Abenteuerreisen beschneiden zu lassen. Denn damit rettete er ein Stück seines früheren Daseins in den neuen Lebensabschnitt, und das nicht nur bezogen auf den Aspekt der reinen Kontinuität seines Tuns. Was Alois Hofmann am Reisen genießt, ist genau das, was ihn gehindert hat, das Reisen zum Beruf zu machen: Er will spontan aufbrechen, sich nicht um Ausrüstung kümmern und nichts planen müssen, erst beim Losfahren entscheiden wohin. Er will nicht von A nach B fahren, sondern dorthin, wohin es ihn nach dem Aufwachen zieht – und dann sehen, was kommt. Er will zwar Fotos machen, aber er will nicht Wochen damit zubringen, Dias zu sortieren, auszuwerten, zu vertonen, die Werbetrommel zu rühren und seine Aufnahmen dann immer wieder fremden Menschen zu zeigen.

Alois Hofmann will sich einfach nur auf den Weg machen und dann unterwegs sein, um unterwegs zu sein.

Einfach nur dem Wandertrieb folgen. Damit, meint Klaus Denart, habe es bei jedem Abenteurer angefangen. Bei vielen bleibe es auch dabei, andere aber entdeckten irgendwann eine Aufgabe.

Auch Rüdiger Nehberg hat die Yanomami erst relativ spät zum Mittelpunkt seiner Aktivitäten gemacht, und daß es überhaupt dazu kam, war nicht geplant. Anfangs war er zum reinen Selbstzweck unterwegs, und wenn er mal einen Anlaß als »Alibi« für einen Aufbruch heranzog, so überwog doch der unmittelbare Bezug zur Reise selbst.

Zum Wassermachen in die Wüste

Eine seiner ganz großen Abenteuerreisen, die Durchquerung der Wüste Danakil, des »Höllenloches der Schöpfung«, begann mit wissenschaftlichen Experimenten zur Wassergewinnung in trockenen Gebieten. Erst als Rüdiger Nehberg zu Hause mit den verschiedensten Techniken herumgespielt hatte, richtete sich sein Blick in die Ferne: »Wenn schon Wüste, wenn schon Experimente, dann mußte auch eine Reise dabei herausspringen«, schreibt er in seinem Buch *Überleben in der Wüste Danakil.* »Und wie könnte man eine schwierige, vielleicht riskante Tour besser rechtfertigen als mit wissenschaftlichen Begründungen? Meinem Instrumentarium fiel die wichtige Nebenaufgabe einer Alibi-Funktion zu. Ich mußte nun ein Ziel, und ich mußte Partner suchen.«

Eine Reise als Mittel zum Zweck wissenschaftlicher Experimente. In diesem Fall war die Reise selbst noch weit wichtiger als die Versuche. Doch auch im Falle seiner Menschenrechtsarbeit macht Rüdiger Nehberg keinen Hehl daraus, daß abenteuerliche Unternehmungen wie seine Tretbootfahrt über den Atlantik, Unternehmungen, mit denen er Verständnis für fremdartige Lebensweisen wecken und zur Völkerverständigung beitragen will, nicht ausschließlich Mittel zum Zweck, sondern immer auch Mittel zur Befriedigung seiner Abenteuerlust waren.

Ganz in einer Reise aufgehen, nichts planen, nicht an morgen denken, sich von Augenblick zu Augenblick treiben lassen – außer Thomas Mack, Alois Hofmann und vielleicht Dirk Thiele, drei klassischen Globetrottern, findet sich unter den Befragten niemand, dem es nicht auch um etwas anderes gehen und der daher einen höheren Aufwand und auch so manche Unannehmlichkeit auf sich nehmen würde. Das kann, wie im Falle der reisenden Fotografen und Filmemacher, so weit gehen, daß die Dokumentation der Reise völlig in den Vordergrund tritt. »Ich bin einzig zum Zweck des Filmens und Fotografierens unterwegs«, gibt Klaus Beer zu. »Fielen unterwegs alle Kameras aus, ich würde die Reise sofort abbrechen.«

Bezogen auf ihre Hilfsaktionen für die Yanomami, stellt Christina Haverkamp die Reise selbst genauso konsequent in den Hintergrund: »Ich bin ganz klar nicht zum Selbstzweck unterwegs. Ich brauche einen Auftrag um loszufahren. Meine Abenteuer nutze ich nur als Aufhänger, um meine Menschenrechtsarbeit publik zu machen.«

In der Regel halten sich der Zweck einer Reise und der Genuß daran die Waage. Hans Memminger ist es ebenso wichtig, unterwegs zu sein, wie er dabei seiner selbstgewählten Aufgabe folgt, seine Zuschauer zum Nachdenken zu bringen. Einer seiner Filme nutzt das Kajakfahren als Mittel, um die Bedeutung der Langsamkeit zu behandeln: »Die Sinne des Menschen sind von der Evolution auf Fußgängertempo abgestimmt. Je schneller man sich bewegt, desto geringer ist die Aufnahmefähigkeit. Ein Rennfahrer ist ganz außer sich, er nimmt nichts anderes mehr wahr als die Straße. Nur wer durch die Welt geht oder, in meinem Falle, paddelt, kann sie mit allen Sinnen in sich aufnehmen.«

Bruno Baumann definiert das Maß an Selbstzweck und Mittel zum Zweck von Reise zu Reise neu: »In der Wüste Gobi hatte ich ein rein egoistisches Ziel, ich wollte meine Grenzen verschieben und einen neuen Rekord aufstellen. Das war allerdings ein Einzelfall, in der Regel bin ich unterwegs, um eine Idee umzusetzen, zum Beispiel um die Tierwelt eines Landstriches kennenzulernen mit dem Ziel, einen Nationalpark dort zu gründen.« Doch sei es eine Illusion, seine Motivationen derart klar zu trennen. Über allen Selbstzweck hinaus sei er in der Wüste Gobi auch der moralischen Verpflichtung gefolgt, die Gegebenheiten so zu dokumentieren, wie sie sind, und nicht die Propaganda von Chinesen und Tibetern nachzuplappern. Umgekehrt habe er bei so manchem seiner Kollegen – Nehberg und Haverkamp ausgenommen – den Verdacht, die Abenteuer würden aus Kalkül mit irgendeinem Menschenrechtsaspekt unterlegt, weil in der Gesellschaft die Akzeptanz für Abenteuer zum reinen Selbstzweck schwinde. Indes: Schon die eigene Motivation sei schwer zu durchschauen, räumt Bruno Baumann ein – er wolle sich daher nicht anmaßen, über andere zu urteilen.

Und in der Tat verhält es sich bei den Abenteurern wohl nicht anders als in jedem anderen Beruf: Der eine sieht ganz klar einen Sinn in seinem Tun, der andere interpretiert den Sinn hinein, der dritte macht sich keine Gedanken darüber und tut es einfach. Ein Sinn mag sich unterwegs erschließen oder auch nicht, in einem sind sich alle Abenteurer einig: Die Planung einer Reise mit all ihren romantischen und abenteuerlichen Erwartungen und das tatsächliche Abenteuer vor Ort unterscheiden sich oft radikal.

4. KAPITEL

ABENTEUER ALS BERUF: DER ALLTAG UNTERWEGS

KLEINKRAM, SCHWEISS UND SCHMERZEN

Sechs Tonnen Armbanduhr

In den ersten Tagen seiner Tour durch die Nordwestpassage machte sich Hans Memminger den Spaß, einmal auszurechnen, mit wieviel Zusatzgewicht der linke Arm beim Paddeln durch das ständige Heben der Armbanduhr belastet sei. Er kam bei seiner Rechnung auf rund sechs Tonnen. Also hängte sich Hans Memminger seine Uhr um den Hals, und das Problem war gelöst.

Andere Schwierigkeiten waren weitreichender, aber blieben ihm bis zum Ende der Arktis-Durchquerung erhalten. So saß er grundsätzlich nach ein paar Stunden Paddelns für den Rest des Tages in literweise Schwitzwasser. Unter diesem täglichen Dauerbad im eigenen kalten Schweiß habe er während der Tour »echt gelitten«. Noch schlimmer aber seien die Schmerzen in den Händen gewesen. Wegen zu dünner Paddelgriffe verkrampften die Finger. Muskeln und Nerven entzündeten sich, die Haut löste sich vom Fleisch. Nachts hatte Hans Memminger das Gefühl, als würde sich mit der Haut auch gleich das Fleisch vom Knochen lösen. Nacht für Nacht hatte er Schmerzen auszuhalten, so stechend und schneidend, als würden seine Hände auf glühenden Herdplatten liegen.

Ähnliche Qualen litt Bruno Baumann in der Wüste Gobi an den Füßen: Seine Sohlen brannten trotz dicker Verpflasterung so sehr, als sei die Haut bis auf den Knochen durchgescheuert. Mit der Austrocknung seines Körpers verklebten die Schleimhäute in der Nase – »ein Gefühl, das kaum auszuhalten ist, man meint dabei verrückt zu werden«. Zu den Torturen an Füßen und Nase kamen Nierenschmerzen, Konzentrationsstörungen und Todesangst.

Bei seiner Erstbesteigung des Mount Everest ohne Sauerstoff empfand Peter Habeler jede Bewegung als Schwerstarbeit und jeden Schritt als Qual. In großer Höhe sei man ständig so unendlich müde, daß man sich nur unter äußerster Willensanstrengung überhaupt wachhalten könne.

Auch wer körperlich nicht bis zum Äußersten geht und durch Eismeere paddelt, Wüsten zu Fuß durchquert oder lebensfeindliche Höhen erklettert, empfindet das Reisen nicht immer als reinen Genuß. »Unterwegs im Dschungel ist man konzentriert und hat ständig zu tun, man ist kaputt und klitschnaß«, sagt Thomas Kropff. In einer solchen Verfassung denke man nicht: »Mensch, was für ein tolles Abenteuer«, sondern: »Ist das eine Scheiße!«

Jeder Weltreisende, jeder Abenteurer erlebt diese Momente, seien sie nun ausgelöst durch Rückschläge, durch Plagen wie Stechmücken oder Fliegen, die ständig in Ohren, Mund, Nase und Augen krabbeln, durch schiere Überanstrengung oder durch täglich sich wiederholende und daher zermürbende Abläufe wie Einpacken und Auspacken, Zeltaufbau und Zeltabbau... Den Anfang einer Reise mag man zunächst als belebend anders empfinden im Vergleich zum Dasein vor dem Aufbruch, es mögen ungeahnte Kräfte erwachen und neue Ideen sprießen, doch es formt sich dann rasch auch unterwegs ein Alltag, der auf anderer Ebene genauso die Sinne beherrscht und das Leben in feste Bahnen drängt wie der Alltag in der Heimat.

Für die meisten Abenteurer und Globetrotter aber ist das überhaupt kein Problem. Sie beißen sich nicht an den kleinen und großen Mühseligkeiten und Plagen fest, die ihnen unterwegs den Alltag bestimmen; Abenteuer, das ist für sie der Gesamteindruck, den sie am Ende einer Reise aus den vielen Einzelerlebnissen zusammentragen. Und dabei entdecken sie an sich alle das gleiche: Man mag unterwegs noch so sehr über Hunger, Durst und wunde Füße fluchen und sich vornehmen, sich etwas Derartiges nie mehr anzutun – kaum im Flugzeug auf dem Weg nach Hause, tritt das Negative geschlossen zurück, und das Mosaik des frisch vollendeten Abenteuers wird bestimmt von den freundlichen Erlebnissen.

Wie bedeutsam muß ein freundliches Erlebnis sein, damit es die allnächtlichen Höllenqualen von Händen vergessen machen kann, die auf glühenden Herdplatten zu schmoren scheinen? Für Hans Memminger war es eine kleine Geste zu seinem Geburtstag: Ein Reisekamerad schenkte ihm sein letztes Snickers. »Zu Hause hätte ich ihm das Ding wohl hinterhergeschmissen, aber damals in der Arktis empfand ich es als das schönste Geschenk, das ich je bekommen habe.«

Bruno Baumann mögen die Füße wie von Nadeln durchbohrt scheinen, gerade beim Laufen erfährt er aber zugleich auch jene Hochgefühle, die ihn immer wieder in die Wüste treiben: »Die völlige Reduktion auf das Eine ist nur beim Gehen in elementarer Natur zu erfahren. Unterwegs zu sein gehört für mich zu den wenigen Augenblicken im Leben, in denen ich eins bin mit meinem Tun. Ein ähnliches Glück erfahre ich sonst nur beim Schreiben.«

Für Peter Habeler waren Müdigkeit und Schwerstarbeit auf dem Mount Everest vergessen, wenn Briefe seiner Frau eintrafen: »Post von zu Hause spielt hier oben, wo man von aller Welt abgeschnitten ist, eine große Rolle. Jeder sehnt sich nach einem Zeichen aus der Heimat. Wenn der Postmann kommt, werden selbst harte Männer zu Kindern. Sie laufen ihm entgegen, reißen ihm die Briefe fast aus der Hand und ziehen mit unverhohlenem Triumph ab, wenn für sie etwas dabei war.«

In kaum etwas sind sich Weltreisende und Abenteuerer so einig wie darin, daß die Freuden unterwegs viel intensiver empfunden werden als daheim und daher jede noch so große Strapaze mehr als aufwiegen. Unterwegssein, das ist wie eine Rückkehr in die Kindheit oder gar in die Zeit der Jäger und Sammler: Man trägt seinen Besitz mit sich, kann sich herumtreiben, Zeit hat eine völlig andere Bedeutung, man kann sich seine 24 Stunden weitgehend nach Wunsch einteilen, kann den Augenblick auskosten, man ist eins mit seinem Tun, rechnet mit allem und nichts, es kommt, wie es kommen soll, keine Arbeit wartet, dafür ständig neue Herausforderungen, ein breites Spektrum an Fertigkeiten ist gefragt.

Was davon im einzelnen genossen wird, das geht oft weit auseinander. Bei vielen sind es die ganz kleinen Dinge wie eben das letzte Snickers. Christina Haverkamp liebt das Gefühl, unerreichbar zu sein, kein Telefon klingeln hören zu müssen und daher so richtig durchatmen zu können. Dazu gehört es für sie auch, auf ihr Äußeres mal für ein paar Wochen keinen Wert legen zu müssen.

Thomas Mack genießt nach einem Tag der Schinderei im glühenden Outback Australiens den Moment, wenn er sein Lagerfeuer entfacht, sein Abendbrot bereitet, wenn die Luft abkühlt, die Fliegen verschwinden, die Kakadus sich beruhigen und die Sonne tiefrot untergeht.

Es sind allgemein vor allem die stillen, privaten Erlebnisse in der Natur, die sich ganz tief in die Seele des Reisenden eingraben: der klare Sternenhimmel und die frische Luft, wenn er nachts den Kopf aus dem Zelt steckt; das Gefühl der Freiheit und Verlorenheit in großer Weite; vor allem aber der Moment, in scheinbar ausweglosen Situationen doch noch einen Ausweg zu finden. Gerade diese erhebende Erfahrung, daß man nie wirklich Schiffbruch erleiden kann, wenn man nur immer vorwärts denkt und vorwärts geht, gerade diese in der Praxis erworbene Erkenntnis ist es, die das Leben des Abenteurers beispiellos bereichert.

Tilmann Waldthaler liebt die Pausen-Tage, die er einschiebt, wenn es ihm an einem Ort besonders gut gefällt. Er setzt sich dann einfach nur hin, macht gar nichts und genießt seine Freiheit. Denn auf keinen Fall will er sich später zu Hause, eingezwängt zwischen Sponsorenverpflichtungen und Vorträgen, sagen müssen: Dort war es eigentlich toll, wäre ich nur länger geblieben!

Arved Fuchs genießt das, was ihm Ausgleich gibt zu den Strapazen seiner Reisen und was ihm neue Kraft verspricht: Nachschub aus einem Nahrungs-Depot, der kuschlige Schlafsack nach Stunden in eisigen Winden – und zu sehen, wie sich bei einem monatelangen Marsch aus den kleinen Strichlein der Tagesetappen auf der Karte eine lange Linie bildet.

Beim Bergwandern in Indonesien begegnete Alois Hofmann einem Einheimischen, der ihn mit Zeichen um ein paar Zigaretten bat. Zum Dank reichte der Fremde ihm die Hand, schaute ihm tief in die Augen und verabschiedete sich wortlos. Diese kleine Geschichte drückt für Alois Hofmann in zwei Sätzen aus, was er auf Reisen sucht. In Deutschland, da würden viele Worte gemacht, aber keine Gefühle ausgetauscht. In Ländern wie Indonesien dagegen seien die Menschen in der Lage, in einen Blick mehr Dankbarkeit zu legen, als ein noch so langer Wortschwall ausdrücken könnte.

Einblick nehmen in die Seele eines Menschen, ihn mit ganz anderen Augen sehen lernen, für solche seltenen Augenblicke ist Axel Brümmer gerne monatelang unterwegs. Im Urwald Südamerikas begegnete er einer alten Frau, die ihn bat, ein Foto von ihr zu machen. Sie wisse, so sagte sie, daß sie in der Woche darauf sterben werde, und sie wolle das Foto ihrer Familie geben, damit ihr Bild in Erinnerung bleibe. Axel Brümmer machte das Foto, und die Frau wartete mit ihm darauf, bis es entwickelt sein würde. In der Zeit des Wartens trommelte der junge Mann gedankenverloren mit dem Fuß einen Rhythmus. Da wurde hinter der Erscheinung der alten Frau für kurze Zeit wieder die Seele des jungen Mädchens lebendig, das sie einst gewesen war: Axel Brümmer sah in ihren Augen ein erotisches Blitzen, wie er es bei einer wohl über 80jährigen nie vermutet hätte, und sie fing zu dem Rhythmus zu tanzen an. Er wisse nicht, und im Grunde sei es ihm auch bedeutungslos, ob die alte Frau tatsächlich eine Woche später gestorben sei. Aber gesehen und gespürt zu haben, welche Lebenslust in einem Menschen noch stecken kann, der sich selbst für todgeweiht hält, werde ihm ewig unvergessen bleiben.

Auch für Heinz Kallin haben die bewegendsten Augenblicke auf Reisen mit Menschen zu tun. In Deutschland sei alles geregelt, und daher fühle sich keiner mehr zuständig, wenn mal etwas nicht in seinen Bereich fällt. In ursprünglichen Lebensgemeinschaften aber werde nicht gegafft, wenn etwas passiert, es werde zusammen geholfen. In Südamerika erlebte Heinz Kallin, wie sich ein ganzes Dorf zusammentat, um einen tollwütigen Hund zu jagen. Jeder einzelne begriff das kranke Tier als latente Gefahr, und jeder einzelne fühlte sich verantwortlich dafür, diese Gefahr zu beseitigen. Die Entwicklung der Ereignisse ergriff Heinz Kallin tief: Es mußte kein Anführer kommen und sagen, was zu tun sei – der Zusammenhalt war einfach da, die Menschen handelten als echte Gemeinschaft.

Es sind solche Erlebnisse von Verbundenheit, die Abenteuer-Reisende als ihre bewegendsten schildern – sei es nun in Zusammenhang mit anderen Menschen oder sei es in Form einer mystischen Hochstimmung, bei der man für Sekunden aufhört, sich als abgegrenztes Lebewesen zu betrachten, bei der man sich als Teil der Natur nicht nur erkennt, sondern durch und durch so empfindet. Hans Memminger ist ein Meister darin, einzigartige Momente dieser Art in Worte zu kleiden und ein bißchen nachfühlbar zu machen. »Der Mensch«, so hat er erkannt, »ist wie eine Welle auf dem Ozean. Er hebt sich zwar für den Moment seines Lebens vom übrigen Wasser ab, ist dabei aber doch ständig mit den gewaltigen Tiefen des Meeres verbunden.«

Jean-Christoph Lafaille sucht und findet in den Bergen ein ähnliches Gefühl von Unsterblichkeit. Beim Blick vom Gipfel fühle er sich wie der erste Mensch, der die Sonne sieht. Diesen Eindruck werde er mit ins Grab nehmen.

Nicht jeder Abenteurer dringt mit seinen Erlebnissen in derartige Grenzbereiche, die meisten genießen einfach nur die alltäglichen Kleinigkeiten ihres Reiselandes. Daß sie hoch schätzen, was den Einheimischen nicht der Rede wert ist, liegt am Wechsel der Eindrücke. Harald Schwindl fühlt sich in Afrika längst nicht mehr als Gast, und deshalb sieht er sich auch nicht als Abenteurer. Nur befristet von der Heimat getrennt zu sein, auch das ist ja ein ganz wesentlicher Aspekt des Abenteuers. Denn eine Reise hat immer drei Bestandteile, die man nicht trennen kann: Aufbrechen, Unterwegssein und Zurückkommen. Dieses Dreiergefüge macht für die meisten der Globetrotter und Abenteurer insgesamt den Reiz des Reisens aus.

5. KAPITEL

FEIERABEND VOM ABENTEUER: ALLTAG IN DER HEIMAT

DAS HEIMKOMMEN

Zu viel Käse

Als Tilmann Waldthaler nach Monaten in Australien von seiner Camel-Bike-Tour zurückkam, lud sein Cousin ihn zu einem Kurzbesuch nach München ein. Zur Mittagszeit drückte der Cousin ihm 20 Mark in die Hand, er solle sich davon eine Käse-Mahlzeit kaufen. Lacto-Vegetarier Tilmann Waldthaler ging damit in den nächsten Supermarkt, suchte die Käse-Abteilung – und fand eine Regal-Landschaft mit über 600 Sorten. In Australien hatte es nur zwei verschiedene Käsesorten gegeben, er hatte immer genau gewußt, in welcher Situation er welchen Käse zu kaufen hatte. Jetzt stand Tilmann Waldthaler ratlos vor der gigantischen Vielfalt. Nach 20 Minuten verließ er völlig konfus den Supermarkt, das Geld des Cousins noch immer in der Tasche.

Eingewöhnungsschwierigkeiten dieser Art gebe es nach jeder Reise: Europa, so habe er den Eindruck, verändere sich weit schneller, als er der Entwicklung unterwegs folgen könne. Nach seinem Vierjahres-Trip von der Arktis zur Antarktis habe er sich so fremd gefühlt in der Heimat, als sei er ein ganzes Jahrzehnt weggewesen. Die Fahrradszene hatte sich völlig verändert, plötzlich gab es Fachzeitschriften für Radfahrer. Bis zu diesem Zeitpunkt wäre Tilmann Waldthaler nie auf die Idee gekommen, daß er mit seinen Reisen Geld verdienen könnte. Jetzt aber erschien in einer dieser neuen Zeitschriften ein Artikel über ihn, für einen ersten Vortrag bekam er ganze 47 Mark.

Es kostete Tilmann Waldthaler einige Energie, dieser Entwicklung zu folgen. Er machte die Publizistenprüfung, lernte Fotografieren und sattelte um von Koch auf Buchautor, Vortragsreisender und Ausrüstungs-Tester. Das Radfahren war nun sein Beruf geworden – und zugleich war ihm klar, daß er sich damit nie mehr jahrelange Reisen würde leisten können, wollte er nicht, gerade im Bereich Produktentwicklung, den Anschluß verpassen. Doch auch wenn er jetzt allenfalls ein paar Monate am Stück unterwegs ist, Tilmann Waldthaler erlebt doch immer wieder eine gewisse Konfusion, wenn er in seine Heimat zurückkehrt.

Diese Zeit der Orientierungslosigkeit hat nicht nur mit dem Zeitsprung zu tun, den die Heimat in der Abwesenheit gemacht hat, sondern auch damit, daß der Rückkehrer erst jetzt richtig begreift: Meine Reise ist zuende. In ein tiefes Loch zu fallen nach Abschluß einer Lebensphase, nach Vollendung einer Aufgabe, mit der man sich über lange Zeit identifiziert hat, diese Erfahrung machen nicht nur Abenteurer; aber durch die Intensität ihrer Erlebnisse unterwegs mag es sein, daß manche diesen Verlust eines Zieles besonders niederschmetternd erleben. Peter Habeler schreibt über die Zeit nach seiner Everest-Erstbesteigung ohne Sauerstoff: »Nach dem Weinen und der Erlösung kam die Leere, die Trauer, die Enttäuschung. Etwas war mir genommen worden, etwas, das mir sehr wichtig gewesen war. Etwas, das mich angefüllt hatte, war ausgeronnen, und ich war erschöpft und hohl. Kein Gefühl des Triumphes oder des Sieges.«

Jon Krakauer hat nach dem Gipfelsieg am selben Berg Ähnliches erlebt: »Von diesem Moment hatte ich monatelang geträumt, aber jetzt fehlte mir ganz einfach die Kraft, überhaupt etwas zu empfinden. Unter den Umständen fühlte ich so gut wie gar nichts mehr, außer Kälte und Erschöpfung.«

Bei Jon Krakauer kehrte sich die Niedergeschlagenheit bald ins Gegenteil, kaum zu Hause, so schreibt er, hätten schlichte Freuden des häuslichen Lebens – frühstücken mit seiner Frau, ein schöner Sonnenuntergang, nachts barfuß in ein warmes Badezimmer gehen können – Glücksgefühle in ihm hervorgerufen, die an Verzückung grenzten.

Auch Arved Fuchs genießt in erster Linie den totalen Gegensatz zwischen den Strapazen in lebensfeindlichen Gegenden und der Geborgenheit zu Hause, ganz speziell den Moment, in dem er sich, nach Monaten in der Kälte, eine Badewanne voll heißen Wassers einläßt. Er sei kein Aussteiger, er wolle an seine Heimat und ein normales Leben nicht den Anschluß verlieren, er brauche seine Freunde, seine Stammkneipe und ganz normale Zerstreuungen wie Kino oder Theater.

Wolfgang Uhl erinnert sich, daß er früher zutiefst deprimiert war, wenn er den deutschen Zoll zu Gesicht bekam. Inzwischen habe er gelernt, die positiven Seiten daran zu sehen, daß eine Expedition zuende ist, und sich einfach darüber zu freuen, daß alles gut ausgegangen und daß er gesund zurückgekehrt ist. Zuweilen, wenn ein Unternehmen besonders haarig war, grenzt die Freude über die eigene Unversehrtheit an Euphorie, Wolfgang Uhl verspürt dann den Drang, eine Opfergabe darzubringen, für irgendetwas zu spenden. Doch egal in welcher Stimmung er den Flughafen verläßt, der Übergang vom Alltag unterwegs in den Alltag zu Hause gelingt Wolfgang Uhl inzwischen mühelos. Kommt er an einem Werktag zurück, führt sein erster Weg ins Geschäft, und auch wenn es Wochenende sein sollte oder Abend, er stürzt sich sofort in die Auswertung der Tour. Reisen als Routine oder, wie Wolfgang Uhl es ausdrückt: »Ich bin in beiden Welten zu Hause.«

Peter Gebhard empfindet das Heimkommen nur dann als angenehm, wenn er die Möglichkeit hat, der Ankunft eine Zeit der Neuorientierung folgen zu lassen, eine Zeit, in der er sich erstmal zurücklehnen und akklimatisieren kann. Das Vortragsgeschäft lasse jedoch solche Übergangsphasen selten zu. Oft komme er, erschöpft von der Reise und zerschlagen vom Jetlag, in seiner Wohnung an, und schon am nächsten Tag steht irgendwo in einer anderen Stadt ein Vortrag an. Ein solches Hin und Her sei furchtbar, man zweifle an seinem Verstand, es sei wie pausenloses Zappen zwischen den unterschiedlichsten Programmen.

Weil er gemerkt hat, wie sehr ihn das ständige Unterwegssein ausbrennt, daß zu viele Eindrücke nicht bereichern sondern zu innerer Leere führen, hat Peter Gebhard angefangen, sich zu Hause ganz bewußt einen Gegenpol zum Reisen und zu den Vortragstourneen zu schaffen.

Tippen und Tingeln

Sich einen Gegenpol zum Reisen schaffen – für Peter Gebhard heißt das, sich wenigstens dann, wenn ein normales Alltagsleben möglich ist, auch um ein solches Leben zu bemühen. Wer Wochen und Monate in fremden Ländern unterwegs ist und danach ohne nennenswerte Unterbrechungen 100 Vorträge lang durch Deutschland tingelt, täglich weite Strecken fahren muß, Abend für Abend die ganze Ausrüstung auf- und abbauen, jede Nacht in einem anderen Hotel schlafen – wer ein solches Leben führt, der kann dazu neigen, die wenigen Wochen zu Hause in der gleichen Unrast zuzubringen. Peter Gebhard geht daher sein Leben in der Heimat wie eine Aufgabe an, er unterwirft sich bewußt dem festen Rhythmus eines regulären Acht-Stunden-Arbeitstages und verordnet sich danach einen Feierabend, wie ihn seßhafte Menschen zu verbringen pflegen: einmal die Woche Fußballtraining, am Wochenende mit Freunden ins Kino gehen...

Auch Rüdiger Nehberg erledigt die Arbeit, die sich während seiner Reisen und Vortragstourneen angesammelt hat, nach einem festen Rhythmus. Um sechs Uhr steht er auf, frühstückt und setzt sich danach für vier Stunden an den Schreibtisch, um Post zu beantworten, die zurückliegende Reise auszuwerten oder an einem neuen Buch zu schreiben. Nach dem Mittagessen trainiert er vier Stunden lang seine Survival-Fertigkeiten, joggt oder fährt Rad. Selten verbringt er den Feierabend vor dem Fernseher, meist trifft er sich mit Freunden, oder er liest, am liebsten Sachbücher, Thriller und Kurzgeschichten.

Während Rüdiger Nehberg auch ein derart geregeltes Dasein zu schätzen weiß und sein ganzes Leben als einzigen Urlaub empfindet, hat Andreas Pröve Schwierigkeiten damit, den Alltag zu Hause in Angriff zu nehmen und das Vagabundentum abzulegen. Wie Tilmann Waldthaler war auch er es gewohnt, jahrelang auf Reisen zu sein. Heute hier, morgen da, schon sind die Bekanntschaften von gestern vergessen und neue geknüpft. Andreas Pröve genoß dieses Leben, doch ein wenig kroch damals auch die Angst in ihm hoch, sich Freunden und Verwandten völlig zu entfremden, alle Fixpunkte zu verlieren und sich in einer Wüste der Einsamkeit zu verirren: völlig frei und deshalb todsterbensallein. Seit er verheiratet ist und zwei Kinder hat, ist diese Angst gewichen. Ein Gefühl der Enge in den ersten Wochen nach einer Reise empfindet er unverändert, ein Gefühl, als sei er aus dem Paradies des Umherziehens vertrieben und zur Seßhaftigkeit verurteilt. »Ich habe immer wieder Schwierigkeiten damit, jede Nacht im gleichen Bett zu schlafen«, sagt Andreas

Pröve. »Wäre meine Familie nicht, ich könnte zum Clochard werden.«

Bruno Baumann kennt dieses tiefe Unwohlsein beim Gedanken an eine geregelte Existenz. Sein Leben lang sei er förmlich auf der Flucht vor seinem Heimatdorf gewesen; inzwischen aber sei er in einer Lebensphase, in der er das Bedürfnis habe, sich ein Nest zu bauen, und zwar genau dort: in Leibnitz in der Südsteiermark. Zwar hat Bruno Baumann nach wie vor eine Abneigung dagegen, Besitz anzuhäufen, denn es koste enorme Energien, Grundstück, Haus und Einrichtung instand zu halten. Außerdem fühle er sich nur als Gast auf Erden und betrachte die Neigung, sich mit immer mehr Eigentum zu umgeben, als Versuch, sich auf Dauer in dieser Welt einzurichten und damit die Vergänglichkeit zu leugnen. Daß er sich dennoch darauf ausrichtet, an einem bestimmten Ort Wurzeln zu schlagen, liegt daran, daß er mit zunehmendem Alter aufhört, die Einbindung in eine Dorfgemeinschaft als Fessel zu empfinden, daß er sie stattdessen als Geborgenheit schätzen lernt.

Die Erfahrung, daß totales Ungebundensein auch Schattenseiten haben kann, trägt wohl mehr als alle anderen dazu bei, daß auch der umtriebigste Abenteurer gerne in die Heimat zurückkehrt, mag die Eingewöhnung anfangs noch so schwer sein – und daß er in den wenigen Wochen zu Hause ein Leben führt, das sich kaum oder gar nicht vom Leben des Durchschnittsbürgers unterscheidet. Vielleicht entscheidet gar nicht der Grad an Sehnsucht nach der Ferne und nach außergewöhnlichen Erfahrungen über Wildheit und Dauer eines Abenteuers, sondern der Grad an Sehnsucht nach Geborgenheit.

Klaus Beer sucht diese Geborgenheit im Privatleben, und er sucht sie auch darin, auf einen sicheren Beruf vertrauen zu können. Sein Alltag in der Heimat wird bestimmt von diesem Beruf, von zahllosen Aktivitäten im Bereich Reisenachbearbeitung – PR-Berichte schreiben, sich selbst managen, bestellte Produkte versenden, Filme bearbeiten, Dias für Bildbände auswählen – und von Feierabend-Zerstreuungen, die den leidenschaftlichen Globetrotter nicht erkennen lassen: auf der Couch unter eine Decke kriechen, eine Schüssel Chips auf dem Bauch und einen Actionfilm im Videorecorder.

Was der Weltreisende genießt, wenn er sich ein bißchen Freizeit gönnt, ist teils wie ein Spiegelbild seiner Aktivitäten unterwegs, zuweilen aber auch gerade das Vexierbild.

Freizeit

Wenn er auf Motivsuche in Indien ist, kommt Andreas Pröve mit vier Kilo Gepäck aus, es gibt nichts, worauf er nicht verzichten könnte, selbst Essen bedeutet ihm nicht viel. Zu Hause dann, wenn er sich erst eingelebt hat, sei das ganz anders: Da will Andreas Pröve auf nichts verzichten. Vielleicht, meint er, ist dieser Gegensatz zwischen den Ansprüchen sogar sein wesentlicher Antrieb auf Reisen: »Die Entbehrungen unterwegs sind eigentlich nur auszuhalten, weil ich weiß, sie sind zeitlich begrenzt.«

Michael Martin sieht es genauso. In den Wüsten Afrikas interessiert ihn nur, ob er genug Wasser hat, schon das Essen sei ihm völlig egal. Zurück in München genieße er dann die schönen Dinge des Lebens: fein essen gehen, gute Kinofilme, ein flottes Auto, eine erlesene Wohnungseinrichtung...

Manchen fällt es nicht so leicht, eine klare Trennlinie zu ziehen. Gewisse Dinge wollen sie weder zu Hause noch auf Reisen entbehren, manch anderen Freizeitgenuß dagegen erkennen sie unterwegs als grundsätzlich überflüssig, zu Hause dann urteilen sie differenzierter. Ein Beispiel: Theater oder Kino ist bestimmt nicht lebensnotwendig, bringt aber über den Unterhaltungswert hinaus gewisse Sekundärerfahrungen, die niemand missen möchte.

Es sind oft die ganz einfachen Freizeitfreuden, die ein Abenteurer zu Hause sucht. Arved Fuchs, dessen Reisen meist in die Kälte führen, genießt es, sich in einem heißen Schaumbad auszustrecken. Dabei könne er am besten entspannen und geistigen Ballast abwerfen. Hans Memminger verbringt seine Freizeit am liebsten bei einem Schoppen Wein, sei es im Kreise guter Freunde oder in der Stille seines Hauses beim Lesen eines guten Buches. Dirk Thiele genügt es gar völlig, regelmäßig zu essen, auch auf den einfachsten Luxus könne er verzichten.

»Wasser aus Wand« – das ist die spontane Antwort Wolfgang Uhls auf die Frage, was ihm zu Hause der größte Genuß sei. Erst durch seine Reisen habe er so richtig erkennen gelernt, daß schon der allereinfachste bundesdeutsche Luxus für andere Menschen ein unglaubliches Wunder sein kann. Scheinbare Selbstverständlichkeiten nimmt er seitdem nicht nur wieder wahr, er genießt sie von Herzen. In Afrika, so sagt er, müssen die Menschen stundenlang durch die Wildnis laufen, um eine Schale Wasser zu holen oder ein bißchen Feuerholz zu sammeln; daß man in Deutschland dafür einfach nur an der Wand drehen muß, ist ihm nach einer entbehrungsreichen Tour immer wieder ein Staunen wert.

Auch Bruno Baumann sucht keine aufwendigen Freizeit-Zerstreuungen, wenn er zu Hause mal Zeit für sich hat. Ein Teilaspekt seiner Arbeit ist ihm zugleich auch schönste Freude: Bruno Baumann liebt das Bücherschreiben. Meist bleibt er dafür nicht in seiner Münchner Wohnung, sondern flieht vor jeglicher Ablenkung nach Mallorca, wo er dranbleiben, ganz und gar im Schreiben aufgehen, mit dem Thema einschlafen und aufwachen könne.

Sein Schreiben ist ihm nicht nur Freizeitfreude und Ausdrucksmittel, er verfolgt auch ein großes Ziel damit: Bruno Baumann arbeitet darauf hin, Bücher zu verfassen, die auch im englischen Sprachraum wahrgenommen werden. Buchübersetzungen, so sagt er, folgten im Bereich Reiseliteratur einer Einbahnstraße: aus allen möglichen Sprachen ins Deutsche, aber nie aus dem Deutschen in andere Sprachen. Obwohl es über die Wüste Gobi kein zeitgenössisches Buch in englischer Sprache gebe, sei kein englischer Verlag daran interessiert, eines seiner Bücher zu übersetzen. Auf diesen Durchbruch arbeitet er hin.

Ein Anliegen ist es ihm dabei nicht nur, seine Erlebnisse über den deutschen Sprachraum hinaus weiterzugeben – Bruno Baumann will dazu beitragen, in möglichst viele Köpfe zu bekommen, was ein Abenteuer ausmacht. Viele seiner Kollegen und auch er selbst würden in der Öffentlichkeit nicht so wahrgenommen, wie sie wirklich sind. Meist werde ein Projekt auf wenige Aspekte verkürzt und die jeweilige Person in eine Schublade gepreßt. So gelte er als der Wüstenwanderer, was er ja auch sei, aber doch nicht ausschließlich!

Bruno Baumann sieht sich als Wanderer zwischen den Welten, als einen Grenzgänger, der über körperliche Erlebnisse geistige Erfahrungen machen will; er sei kein Weltenbummler und schon gar kein Aussteiger, sondern ein Einsteiger, jemand, der unglaublich aktiv sei und die Welt gezielt erkunde, statt sich treiben zu lassen. Von den Medien werde er selten in dieser ganzen Vielseitigkeit dargestellt.

Bruno Baumann ist nicht der einzige Abenteurer, der unzufrieden ist mit dem Bild, das die Medien von ihm in die Öffentlichkeit tragen.

SENSATIONSLUST STATT SINNFRAGEN?

Auf die Einstiegsfrage dieses Buches hat so mancher der Befragten die Antwort verweigert. »Was war dein gefährlichstes Erlebnis?« – von solchen Fragen fühlen sich nicht wenige genervt, sie sehen keinen Sinn darin, immer nur schwierige und gefährliche Situationen abzufragen, daran bestätige sich die gegenwärtige Flachheit des Journalismus. Oft stürzten sich die Medien ausschließlich auf die gefahrvollen Ereignisse; was aber eine Reise den Teilnehmern an Lebenserfahrungen gebracht hat, das interessiere keinen. Ausführlich berichtet werde nur, wenn etwas schiefgeht oder gar jemand umkommt – ein Vorhaben, das gelinge, werde knapp abgehandelt oder übergangen.

Klaus Denart gehört zu denen, die es so sehen. Die Presse lasse den Hintergrund eines Abenteuers absolut aus, es interessiere nur die Schlagzeile, nachrecherchiert werde überhaupt nicht, und dadurch verfestige sich in der Öffentlichkeit das Bild des Abenteurers als Hasardeur.

Weil er genau damit rechnete, hat Thomas Kropff nach seiner Entführung im El Darién alles darangesetzt, Sensationsberichterstattung zu unterbinden. Und tatsächlich hätten sich die Presseleute auch an seine Wünsche gehalten und kein Drama aus der Entführung gemacht; dafür hätten sie die Reise insgesamt so zurechtgebogen, daß er dennoch enttäuscht gewesen sei. Eine Zeitung zum Beispiel habe getitelt: »Als Liebespaar neun Monate durch Amerika.« Der Eindruck, der dadurch entstanden sei, habe nicht das geringste mit dem zu tun gehabt, was die Reise wirklich ausgemacht habe.

Weit jenseits bloßer Verzerrungen liegen die Vorfälle, mit denen sich Axel Brümmer und Peter Glöckner während des Rummels nach der Rückkehr von ihrer Weltumradlung konfrontiert sahen. Nicht nur, daß nicht ein einziges Mal ein Interview so abgedruckt worden sei, wie man es gegeben habe – manche Journalisten seien gar so weit gegangen, Interviews kurzerhand zu erfinden, wenn ihnen Axel

Brümmer und Peter Glöckner wegen der klar sensationslüstern ausgerichteten Grundeinstellung ihres Blattes jede Stellungnahme verweigerten. Heute sind die Touren von Brümmer und Glöckner weniger öffentlichkeitswirksam, und so sind auch ihre Pressekontakte inzwischen weniger unerfreulich; nach wie vor komme es aber vor, daß sich Journalisten auf ein Interview nicht vorbereiten und sich daher auf Verlegenheitsfragen beschränken.

Klaus Beer hat aus schlechten Erfahrungen in der Anfangszeit die Konsequenzen gezogen und ist sein eigener Berichterstatter geworden. Texte so formulieren, daß sie nur noch gedruckt werden müssen, und diese druckfertigen Texte den Redakteuren dann so unterbreiten, daß sie unredigiert übernommen werden – das ist sein Patentrezept dafür, in der Presse genauso dargestellt zu werden, wie er sich selbst, seine Reisen und seine Filmarbeit sieht. Bevor er damit angefangen habe, sich selbst zu rezensieren, seien ihm beim Aufschlagen der Zeitung oft die Haare zu Berge gestanden.

Woran mag es liegen, daß Reisende und Berichterstatter in dem, was sie für wichtig halten, oft weit auseinanderliegen? Weil Oberflächlichkeit in jeder Hinsicht ein Trend der Zeit ist, wie Klaus Denart meint?

In diesem Punkt neigt mancher durchaus zur Selbstkritik. Daß die Presse sich an Sensationen festbeiße und mit übertriebenen Berichten zur gängigen Meinung beitrage, das Leben eines Abenteurers sei mordsgefährlich, sei auch auf die Abenteurer selbst zurückzuführen. Denn wer von der Ausbeute seiner Reisen leben wolle, sei nun einmal gezwungen, sie mediennah aufzubereiten, was nichts anderes bedeute als auch so manches eher unerhebliche Ereignis packend darstellen zu müssen. Für verantwortungsvolle Profi-Abenteurer sei das immer wieder ein innerer Kampf zwischen der Notwendigkeit, einer Geschichte den nötigen Pep zu geben, und der Verantwortung, sie dabei nicht zu verfälschen. Daß das Bild insgesamt schiefer hängt als nötig, liege daran, daß sich nicht alle dieser Verantwortung stellen, im Gegenteil: Es gebe zum Beispiel Bergsteiger, die in Fachkreisen als Lachnummer gelten, die aber das Talent hätten, der Presse ihre Leistungen als Heldentaten zu verkaufen. Das ist für manchen der einzige Vorwurf an die Medien: daß sie die Aussagen, mit denen sie gefüttert werden, nicht hinreichend überprüfen. Gerade die Fachpresse indes gehe in großem Maße fair und wahrheitsgetreu mit den Reiseberichten um.

So sieht es auch Heinz Kallin. Für ihn hängt die Frage der Berichterstattung ausschließlich von der Art des Mediums ab. Man dürfe halt nicht mit bestimmten Boulevard-Blättern reden, wenn man an einem korrekten Bild interessiert sei, sondern nur mit seriösen Magazinen, denen der Inhalt wichtiger sei als die Schlagzeile.

Mit der Presse rundum zufrieden ist Michael Martin. Grundsätzlich sei das Verhältnis gut, und die Gewichtung des Stoffes sei ja seine eigene Angelegenheit: Michael Martin erzählt nur das, was er publiziert haben will, und rückt dabei mögliche Aufhänger für Sensationsklatsch nicht so in den Mittelpunkt.

Bei allen Versuchen, die Berichterstattung zu steuern, moderat oder sehr drastisch – das Verhältnis Abenteurer / Presse ist keine Einbahnstraße, sondern immer eine Wechselwirkung. Denn natürlich wird das jeweilige Erlebnis durch die Redakteure nicht ausschließlich so wiedergegeben, wie der Erzähler es gerne haben will, sondern immer auch – offen oder verdeckt – bewertet, und sei es nur durch Plazierung oder Größe des Artikels. Und diese Bewertung wiederum beeinflußt die zweite große Unbekannte, mit der es der Abenteurer bei der Auswertung einer Reise zu tun hat: die Resonanz beim Publikum. Im Vortragssaal oder im Buchladen schließt sich dann der Kreis. Mag die Diaschau, mag die Publikation nun ankommen oder nicht, erst jetzt ist das Abenteuer wirklich vollendet, der Abenteurer kann sich einer neuen Aufgabe zuwenden.

Und da stellen sich gleich mehrere Fragen: Hat der Erfolg des vorangegangen Projektes, haben Medienwirksamkeit und Beifall Einfluß auf die nächste Tour? Was bestimmt die Richtung und was den Zeitpunkt der Abreise? Ist es die materielle Notwendigkeit, ein neues Vorhaben anzupacken, oder eine Art inneres Aufbruchsignal? Was treibt den Abenteurer wieder hinaus?

FLUCHT AUS DER WELT DES SCHEINS

Bewußt auf der Suche nach dem Unbewußten

Als Rainer Ott 1994 in der Übergangszeit zwischen Bundeswehr und Studium aufbrach, um mit Zelt und Rucksack für drei Monate durch Kanada zu wandern, da hatte er zwar nur einen groben Plan seiner Route, dafür aber ganz klare Vorstellungen von dem, was er unterwegs zu erreichen gedachte. Er wollte, wie so mancher andere Weltenbummler, die klimatische Vielfalt und die abwechslungsreiche Landschaft genießen, in erster Linie aber wollte er: emotional gebeutelt werden, neue Horizonte erschließen, mehr über sich selbst erfahren, Klarheit im Kopf finden, erkennen was wirklich wichtig ist im Leben, die von der Zivilisation abgestumpften Sinne wieder schärfen, Gefahren wieder riechen lernen, im Einklang mit der Natur leben und ihre Gesetze erfühlen.

Nach der Rückkehr sah er den Zweck seiner Reise erfüllt, er hatte nicht vor, eine ähnliche Tour noch einmal zu unternehmen. Rainer Ott studierte Bauingenieurwesen, fand danach bei der Stadt Nürnberg eine seiner Ausbildung gemäße Stelle, studierte nebenher an einer staatlich anerkannten Schauspielschule, lernte Singen, Tanzen und bekam schließlich erste Engagements in Musical-Aufführungen.

Erst im Frühjahr 1999, er war jetzt 29 Jahre alt, zog es Rainer Ott erneut auf eine abenteuerlichen Reise. Er gab seinen Job als Bauingenieur auf, räumte seine Wohnung, trennte sich von den meisten seiner Habseligkeiten, stellte den Rest bei Freunden unter und trieb sich monatelang in Südfrankreich, Italien, Albanien und Ägypten herum. Der Grund für den Bruch mit einer Karriere, die sich über fünf Jahre hinweg stetig entwickelt hatte und die ihm eine sichere Zukunft garantiert hätte, findet sich im Zusammenspiel innerer und äußerer Veränderungen mit zufälligen Ereignissen: Rainer Ott war gerade im Begriff umzuziehen, da rief ein Bekannter an und lud ihn zu einer Segeltour auf dem Mittelmeer ein. Als Gegenleistung sollte er vorher helfen, das Schiff wieder flottzumachen. Schon Tage vor dem Anruf, so erinnert sich Rainer Ott, habe er das Gefühl gehabt, als würde sich ein Gewitter über seinem Leben zusammenbrauen: Irgendetwas würde passieren. Mit seiner beruflichen Situation war er unzufrieden, denn sein zweites Standbein, die Schauspielerei, war immer mehr in den Vordergrund getreten, und er war sich nicht klar darüber, wie er den künstlerischen mit dem technischen Beruf auf Dauer in Einklang bringen konnte. Die Einladung nach Südfrankreich nahm er nun zum Anlaß, eine Weile auszubrechen und sein Leben danach neu zu ordnen. Eigentlich wollte er nur zwei Wochen wegbleiben. Als er jedoch mit der Schiffsreparatur fast fertig war, stach er nicht mit seinem Bekannten in See, und er kehrte auch nicht nach Hause zurück – es zog ihn von Südfrankreich aus nach Osten. Er machte sich auf nach Italien, per Bus und Bahn, aber auch zu Fuß. Dann wollte er weiter nach Griechenland, um von dort aus nach Ägypten überzusetzen, aber auf der Fähre nach Griechenland lernte er zwei Nonnen kennen, die auf dem Weg in die albanische Stadt Sarande waren, um dort in Flüchtlingslagern zu helfen. Das machte ihn neugierig, und er schloß sich ihnen an.

Damit nahm die Selbsterfahrungs- und Abenteuer-Reise eine drastische Wendung. Rainer Ott und seine beiden Begleiterinnen kamen in Albanien während der letzten Tage des Kosovo-Krieges an. Unbeschreiblich waren die Zustände in den Flüchtlingsunterkünften, bis zu 900 Menschen lebten in einem Hotel, bis zu 3.000 in Lagern, in denen es kaum Duschen oder Toiletten gab. Zwei Wochen half Rainer Ott, Zisternen und sanitäre Einrichtungen zu bauen. Zuletzt stand er dabei tagelang in Fäkalien, wurde krank. Als er nicht mehr konnte, nahm er einen Flug nach Berlin zu seiner Schwester. Vier Tage verbrachte er im Bett, danach ging es ihm wieder prächtig, und er beschloß, die Reise an dieser Stelle nicht abzubrechen, sondern, wie vorher geplant, nach Ägypten zu fliegen. Zwei Wochen lang fuhr er dort auf einem Segelschiff den Nil auf und ab, dann erst zog es ihn nach Hause zurück.

Vor seinem Aufbruch hatte Rainer Ott keine Ahnung, wie es danach weitergehen würde. Auch danach wußte er es noch nicht so genau. Aber die dreimonatige Reise brachte ihm immerhin Ansätze für die richtige Richtung. Nach seiner Rückkehr schrieb er ein Märchenstück fürs Theater, das auch aufgeführt werden soll, und unabhängig davon gab ihm ein Regisseur eine Rolle für ein anderes Stück. Zusammen mit einer Bekannten gründete Rainer Ott außerdem ein Seminarzentrum in Altdorf bei Nürnberg. Sein Ziel ist es, dort die Erfahrungen, die er auf Reisen gemacht hat, an andere weiterzugeben. Einen neuen Aufbruch plant er nicht: Wie schon nach der Kanada-Tour, so war ihm das Reisen auch diesmal vor allem ein Weg, sich selbst ein wenig näher zu kommen und zu lernen, möglichst breitflächig zu denken. Nun geht er daran, sich auf dem Fundament der Erkenntnisse ein neues Leben in der Heimat aufzubauen.

Was Rainer Ott in die Welt hinaus getrieben hat, deckt sich in vielen Punkten mit dem, was auch Berufs-Abenteurer und leidenschaftliche Globetrotter zum Aufbruch drängt. Warum aber gibt sich Rainer Ott mit einer sehr sporadischen Befriedigung seiner Sehnsüchte zufrieden, während die meisten anderen mit den gleichen Erwartungen oft schon auf dem Heimflug von der einen Reise die nächste ins Auge fassen?

Warum ständig und immer wieder? Darauf gibt es viele nüchterne, nachvollziehbare Antworten. Wildwasser-Kajakfahrer Marco Kuhlmann sucht die Herausforderung neuer Ströme. Was ihn vorwärtstreibt, ist der Wunsch, ihm unbekannte Flußläufe zu erforschen und zu bewältigen, grenzenlose Freiheit zu genießen, Natur intensiv zu erleben. Kajak und Neuland gehören dabei nicht zwingend zusammen – Marco Kuhlmann schätzt auch das Paddeln auf heimischen Flüssen oder das Reisen ohne Boot.

Man hat die Möglichkeiten des Reisens und nutzt sie – in die Welt hinaus zu ziehen, eine durchweg sachorientierte Entscheidung?

Für sein aktuelles Thema hat sich Peter Gebhard sehr wohl rational entschieden. Da er nicht nach dem Kommerz schielen müsse, hätte er alles machen können, sagt er. Die Wahl sei auf Südamerika gefallen, weil der amerikanische Doppelkontinent sein bevorzugtes Reiseland sei und ihn die Inkas zum Zeitpunkt der Entscheidung am meisten interessiert hätten.

Auch jenseits eines bestimmten Vortragsthemas finden sich viele kopfgeborene Gründe dafür, in die Welt hinauszugehen. Robert

Peroni treibt neben seiner Neugier auch seine »Wut gegen die regulierende Gesellschaft« – er fühlt sich verpflichtet, stellvertretend für andere über den Tellerrand hinauszuschauen. Dirk Thiele will Menschen kennenlernen und Eindrücke sammeln. Tilmann Waldthaler will sehen, wie andere Menschen leben, und in deren Alltag einbezogen werden. Wolfgang Uhl will sich in extremen Klimasituationen bewähren, und er will ausprobieren, wie er mit zwischenmenschlichen Grenzsituationen zurechtkommt.

Bei Wolfgang Uhl gibt es aber noch einen weiteren Grund, der ihn hinaustreibt, einen Grund, der etwas tiefer reicht und nicht in seinem Kopf, sondern in seinem Seelenleben wurzelt: Der Expeditionsleiter des *Hessen Fernsehens* fühlt sich in der Gemeinschaft von Naturvölkern geborgen, er genießt das Gefühl, gerade bei als aggressiv oder unberechenbar geltenden Stämmen vorbehaltlos akzeptiert zu werden.

Sehnsucht nach Geborgenheit als Grund des Aufbruchs – eine Sehnsucht nach dem Zusammenhalt der urzeitlichen Horde? Ein Reisender sei immer auf der Suche nach dem Paradies, schreibt Hans J. Kleinsteuber in seinem Buch *Reisejournalismus*. Vielleicht sei dieses verlorene Paradies die Wiege der Menschheit, die afrikanische Savannenlandschaft also, und vielleicht sei das Bild dieser Landschaft – und das Gefühl, als Horde darin unterwegs zu sein – im kollektiven Gedächtnis der Menschheit bewahrt?

Arved Fuchs sieht sich mit seinen Reisen durchaus auch auf den Spuren weit zurückliegender Generationen seiner Vorfahren. Sein Antrieb, so sagt er, mag wohl der Wunsch sein, verschüttete Instinkte wieder zu entdecken.

Bewußt auf der Suche nach dem Unbewußten – auch Hans Memminger spürt mit seinen Reisen willentlich unbekannten Dimensionen in sich selbst nach. In seiner Heimat sei das Denken eingeschränkt, es ginge immer mehr Menschen nur noch ums Raffen, aber Leben sei gerade das Gegenteil, Leben sei Veränderung, Bewegung, Loslassen. Hans Memminger paddelt durch die Welt, um sich diesen ewigen Gesetzen des Lebens zu stellen, und er sieht die Natur als Gleichnis, um höhere Weisheiten für sich abzuleiten.

Bruno Baumann deutet das gleiche an, wenn er sagt, er sei in die Wüste gegangen, um zu lernen. In seinem Buch *Takla Makan – mein Weg durch die Wüste des Todes* verdeutlicht er diesen Anspruch mit einem Zitat Otl Aichers: »Die Wüste fördert die Reflexion und zeigt das Prinzip: Minimierung der Ansprüche ist Optimierung der Freiheit. Reduktion ist Gewinn. Wer alles zurückläßt und nur mitnimmt, was er am Leib hat, kommt als er selber zurück.« Diese Erfahrung, mit verändertem Bewußtsein und dabei sich selbst näher aus der Wüste zurückzukehren, hatte Bruno Baumann schon nach seiner ersten Gobi-Expedition: Ein chinesischer Geschäftsmann überreichte ihm nach einem kurzen Gespräch seine Visitenkarte. Da sei ihm bewußt geworden, daß er nicht nur eine andersartige Landschaft durchwandert hatte, sondern wirklich in einer anderen Welt gewesen war – daß er die Welt des Seins kennengelernt hatte und jetzt in die Welt des Scheins zurückgekehrt war. Immer wenn Bruno Baumann seitdem einen Aufbruch in die Wüste plant, dann geht es ihm nicht mehr nur darum, etwas zu verwirklichen, was die wenigsten wagen oder, wie bei seiner ersten Expedition in die Takla Makan, Ruinen aus Seidenstraßen-Zeiten zu finden – es geht ihm immer auch darum, für kurze Zeit der Welt des Scheins zu entkommen. Doch auch das ist noch nicht alles.

Unbewußt auf der Suche nach mehr Bewußtheit

»Ich bin sehr nomadisch veranlagt«, hat Bruno Baumann an sich selbst festgestellt. »Auch wenn ich zu Hause lebe, bin ich ständig unterwegs.« Zwar weiß er von Völkern, die ihre Heimat nie verlassen, für die Verbannung die größte Strafe sei – aber Bruno Baumann ist sich dennoch sicher, daß ein archaischer Wandertrieb noch in den meisten Menschen wach ist, und daß diese Unrast bei Abenteurern wohl besonders ausgeprägt ist.

Daß ihr inneres Aufbruchsignal von tief in der Seele schlummernden Relikten einer urzeitlichen Gefühlswelt ausgehen könnte, ziehen die meisten Abenteurer in Betracht. Thomas Kropff beschreibt es so: »Ich kann nie lange an einem Platz bleiben, ich muß immer wieder los. Reisen ist für mich wie eine Droge, nach der ich süchtig bin. Diese Reiselust ist einfach in mir drin, ich **muß** so leben, wie ich lebe. Wäre die DDR nicht untergegangen, als ich gerade volljährig geworden war, ich wäre sicher irgendwann geflohen.«

Auch Alois Hofmann erlebt diese archaische Unrast immer wieder am eigenen Leib: »Was mich vorwärtstreibt ist die gleiche Neugier und ständige Suche nach mehr, durch die unsere Art dahin gekommen ist, wo sie heute steht.«

Für Tilmann Waldthaler ist der Wandertrieb mehr als nur der tief in den Genen verankerte Befehl, die eigene Art über die Erde zu verbreiten. Zwar sieht auch er sich hinausgetrieben von etwas, das einfach in ihm steckt, doch diesem Etwas traut er mehr zu als bloße Entschlossenheit zur Durchsetzung des eigenen Bestandes – das unbewußte Aufbruchsignal entsende den Reisenden auch auf eine Suche nach mehr Bewußtheit. Oder in Tilmann Waldthalers Worten: »Ich benutze die Straßen der Welt, um meinen eigenen Pfad nach innen zu finden.«

Vielleicht ist nicht jedem Abenteurer so wichtig wie Tilmann Waldthaler, bei seinen Reisen mit dem Fremden, dem er auf der Spur ist, auch sich selbst etwas besser kennenzulernen. Keinen Zweifel aber gibt es für sie daran, daß sie durch die Vielfalt der Eindrücke, die sie in der Welt sammeln, dem Sinn des Lebens ein bißchen näher sind als jemand, der sich nicht vom Fleck bewegt und sein Wissen über die Welt statt durch eigenes Erleben aus Büchern, Zeitschriften oder Fernsehsendungen zusammenträgt.

6. KAPITEL

DIE SINNSUCHE DES ABENTEURERS

DENKEN IN NEUEN BAHNEN

Man muß nicht überallhin

Von jeder seiner Reisen bringt Peter Gebhard nicht nur Bilder und Geschichten für den jeweils geplanten Vortrag mit, auch für ihn privat zahlt es sich aus, die Welt durchstreift zu haben: Ein ganz wichtiger Nebenaspekt des Reisens sei es, daß man immer wieder die eigene Position neu bestimme.

Feuerland sei vor allem eine intensive Auseinandersetzung mit der Natur gewesen. Sich den orkanartigen Winden im patagonischen Eis entgegenzuwerfen, sich gegen den Schneesturm vorwärtszukämpfen, habe seltsam zwiespältige Gefühle geweckt: »Man wähnt sich als Bezwinger der Naturkräfte, spürt aber zugleich die eigene Winzigkeit. Oft habe ich mich in solchen Momenten gefragt: Was mache ich eigentlich hier? Die Antwort kam erst Monate später, zu Hause. Bei der Erinnerung an die Entbehrungen der Reise wurde mir zum ersten Mal wirklich bewußt, wie gern ich in Deutschland lebe.«

Patagonien brachte Peter Gebhard seiner Heimat näher, Bolivien dagegen ließ ihn auf kritische Distanz gehen. Die Spontaneität und Lebensfreude der Südamerikaner habe ihm selbst zwar mehr Souveränität und Gelassenheit gegeben, habe ihn aber sehr nachdenklich gemacht, was die Mentalität seiner Landsleute betrifft: »Bei uns drehen die Menschen jede Mark um, keiner guckt dem anderen mehr wirklich ins Gesicht, keiner hat mehr Zeit. Bei einer Feier sagt jeder zu, aber nur die Hälfte kommt. Spontanbesuche sind überhaupt nicht mehr erwünscht.«

Seine wohl wichtigsten Erkenntnisse gewann Peter Gebhard bereits, als er im Alter von 19 Jahren in Lappland allein unterwegs war. Einerseits erfuhr er in dem Wechselbad zwischen Euphorie und Niedergeschlagenheit, in das ihn die Einsamkeit stürzte, daß ihm völlige Bindungslosigkeit nicht liegt, daß er kein Eremit ist. In dem weiten Land im Norden begriff er aber noch eine weitere Tatsache, eine Erkenntnis, die er später in Hohe Breitengrade *von Alfred Andersch ausformuliert wiederfand und die ihm für sein ganzes Reiseleben von*

Bedeutung sein sollte. Peter Gebhard erkannte, daß Reisen frei sein sollte von dem Zwang, alles abklappern zu müssen. Man muß nicht immer weiter und überallhin, bis über die letzte Grenze hinweg – man sollte es auch nicht, denn dadurch zerstört man seine Sehnsüchte und Träume. Abenteuer heißt gerade, nicht alles zu erleben, stattdessen Raum zu lassen für die Phantasie.

Bei der einen Reise hat Peter Gebhard seine Heimat schätzen gelernt, bei der nächsten kamen ihm Zweifel an ihr. In Lappland erkannte er im Reisen ein wichtiges Mittel zur Eigenschau: die Welt ergründen, um sich selbst zu ergründen – und kam zugleich zu dem Schluß, daß man nicht alles ergründen dürfe.

Widersprüche?

Allenfalls dann, wenn man der Ansicht ist, die Welt sei entweder schwarz oder weiß. Eines der ganz wertvollen Geschenke einer Reise ist es ja gerade zu begreifen, daß sich Gegensätze nur im menschlichen Hirn ausschließen, daß die Welt erst durch ihre Widersprüche im Gleichgewicht hängt – und daß man immer nur halb begreift, solange man an den eigenen Vorlieben klebt und sich gegen andere Meinungen sperrt.

Daß sich das für den einen unsinnig, für den anderen abgedroschen anhört, liegt daran, daß Erkenntnisse dieser Art nur dann den Zauber neuer Einsicht haben, wenn man sie aus selbst gesammelten Eindrücken in Zusammenhang bringt.

Daher läßt Rüdiger Nehberg die tiefen, persönlichen, ewigen Erkenntnisse, die sein Leben auf Reisen bereichert haben, in seinen Schilderungen völlig aus – sie seien ein einzigartiger Gewinn, den jeder selbst machen müsse und der zu vermitteln allenfalls dem sei, der auf gleicher Wellenlänge schwinge.

Auch Thomas Mack bezweifelt, daß Momente höherer Einsicht oder auch nur einfache Erkenntnisse einem anderen Menschen verständlich zu machen sind – er scheut sich aber nicht, es zu versuchen. Bei seiner 40 Wochen langen Reise durch Australien, Neuseeland und über die Fidschi-Inseln war er größtenteils allein unterwegs, und es sei gerade dieses Erlebnis des Aufsichgestelltseins, das ihm besonders viel gegeben habe. Seine Erfahrungen: »In fremden Ländern allein unterwegs zu sein, reinigt die Seele. Man merkt, was für ein kleines Licht man ist. Man arbeitet so manches, was man bisher nur von seiner eigenen Seite aus sah, von beiden Seiten auf, es fallen einem alte Streitereien ein, man versteht plötzlich den Standpunkt des anderen und erkennt, wie sinnlos jeder Konflikt ist. Wie von selbst entsteht mit der Zeit ein intensiver Kontakt nach oben, man weiß plötzlich, daß da was ist, aber hört auf es benennen zu wollen. Seit dieser Reise habe ich einen festen Glauben, der durch nichts zu erschüttern ist. Aber um solche Erfahrungen zu machen, muß man länger als ein paar Wochen unterwegs sein.«

Und offenbar muß man dabei allein sein. Bruno Baumann hat bei seiner Gobi-Solodurchquerung gleichgelagerte Erfahrungen gemacht. Wie bei Thomas Mack, so brachen auch bei ihm längst verschüttete Erlebnisse an die Oberfläche. Nur in der Einsamkeit, sagt Bruno Baumann, sei es möglich, alte Erinnerungen neu zu ordnen, und nur wenn man ganz auf sich und die Gegenwart konzentriert sei, könne man auch die innere Stimme wieder hören lernen, könne man das instinktive Wissen anwenden, über das jeder Mensch verfüge. In der Einsamkeit der Wüste habe er gelernt, aus dem Bauch heraus Wasser zu finden; seitdem sei die innere Stimme nicht mehr verstummt, auch zu Hause vertraue er bei Entscheidungen auf ihren Rat. Eben weil es ihm so viel gegeben habe, durch Alleinsein zu sich selbst zu finden, könne er nicht verstehen, warum andere Wüstenwanderer zu zweit gehen und dabei unentwegt über andere Dinge reden, also geistig ganz woanders sind. Die zentrale Erkenntnis seiner Reisen nämlich ist: Der Mensch muß lernen, mit allen Sinnen da zu sein, wo er gerade ist.

Was Bruno Baumann in den heißen Wogen der Wüste Gobi für sich entdeckt hat, fand Hans Memminger im Wellengang des Eismeeres. Bei seinem Arktis-Abenteuer war er zwar nicht allein unterwegs, doch hatte er beim stundenlangen Paddeln Gelegenheit, sich als ausgesetzt zu empfinden und sich ganz auf die Gegenwart zu konzentrieren. Seitdem wünscht er sich, auch im Alltag immer mehr im Augenblick leben und Gedanken an Vergangenheit und Zukunft irgendwann völlig ausschalten zu können.

Albin Brückner, Geschäftsführer eines großen Elektronikfachmarktes, drückt in anderen Worten die gleiche Erfahrung aus. Bei einer Hundeschlittentour durch Norwegen lernte er, frei von Termindruck, das Phänomen Zeit neu begreifen. Keine Zeit zu empfinden, sagt er, sei ein unbeschreiblicher Glückszustand. Je mehr es einem Menschen gelinge, aus dem Strom der Zeit auszubrechen, desto besser fühle er sich. Seit dieser Tour mißt Albin Brückner geschäftlichen Problemen weniger Bedeutung bei, nimmt Abstand von unerheblichen Beschäftigungen und konzentriert sich stattdessen auf elementare Lebensbereiche.

»Die meisten Menschen leben zu zwei Dritteln in der Vergangenheit und haben zu einem Drittel Angst vor der Zukunft.« Auch Alois Hofmann hat unterwegs gelernt, sich in der Gegenwart einzurichten: »Was vor einem halben Jahr war, ist unwiederbringlich vorbei, es spielt keine Rolle mehr für mich.« Wichtiger als die Korrektur eines fehlgeleiteten Zeitempfindens ist es Alois Hofmann aber, »herunterzukommen vom hohen Roß des Zivilisationsmenschen«. Nur unterwegs in armen Ländern könne man ermessen, wie toll das Leben in Deutschland sei. Man könne studiert haben und noch so viel lesen, wenn man immer am selben Ort lebe, werde das Denken immer enger. Wer das Elend in anderen Ländern nur am Fernseher verfolge, der spende vielleicht mal, aber bleibe innerlich unberührt. Reisen dagegen öffne den Menschen, erst vor Ort entwickle man ein wirkliches Verständnis für andere Rassen und Kulturen – und für deren Probleme.

Grundsätzliche Offenheit für Fremdes hält auch Andreas Pröve für das wichtigste Geschenk seiner Reisen. Wer die Welt kennenlerne, der werde toleranter, denke globaler, Ausländerhaß werde immer abwegiger. Sich Schritt für Schritt zu öffnen für alles, was zunächst fremd erscheint, damit sieht sich Andreas Pröve ein bißchen auf dem Weg zu dem, was den Sinn des Lebens ausmachen könnte.

Begegnung mit der dunklen Seite

Sollte auf dem Weg von der Selbsterfahrung hin zur Selbsterkenntnis der Sinn des Lebens liegen, dann sind Axel Brümmer und Peter Glöckner ihm bei ihren Reisen ganz nahe gekommen. Was sie an sich bestätigt sehen mußten – und das schon ganz am Anfang ihrer Weltumrundung – ist die alte Vermutung, daß jeder Mensch zu grundsätzlich jeder Tat fähig ist, sofern die Umstände ihn dazu treiben. Axel Brümmer empfand diese Begegnungen mit der dunklen Seite in sich selbst als besonders schockierend, weil er, herangewachsen in der Intellektuellen- und Weltverbesserer-Szene, sich für zu aufgeklärt hielt, um zu krassem Egoismus fähig zu sein. Dann aber gerieten er und Peter Glöckner in der Massai-Steppe Afrikas in ein Gebiet, in dem es kaum etwas zu essen gab. Über Tage hinweg schunden sie sich mit knurrendem Magen durch Staub und Wüstenhitze. 36 Stunden lang hatten sie überhaupt nichts gegessen, als sie endlich in ein Dorf kamen. Sie kauften alles auf, was es an Verzehrbarem gab, und wollten es gerade in sich hineinschlingen, da wurden sie von einem Dutzend halb verhungerter Kinder mit aufgeblähten Bäuchen umringt, die mit großen Augen auf das Essen in ihren Händen starrten.

Wenn Axel Brümmer und Peter Glöckner bei ihren Vorträgen von diesem Erlebnis erzählen und davon, daß es ihnen zwar schwerfiel, aber daß sie sich vom Anblick der Kinder dann doch nicht daran hindern ließen, ihr Essen selbst zu verzehren, wenn sie die ganze Geschichte ohne Beschönigungen vor ihrem Publikum ausbreiten, werden sie von manchem der Zuhörer auch verurteilt. Da hilft es nichts, wenn Axel Brümmer erklärt, die paar halbverschimmelten Fladen hätten ihnen selbst kaum den Magen gefüllt, wie hätten sie da zwölf Kinder satt machen sollen – welchen Unterschied hätte es also gemacht, das Essen abzugeben? Obwohl Axel Brümmer und Peter Glöckner längst erkannt haben, daß sich die Situation in der Massai-Steppe nur durch die Nähe zu den hungrigen Kindern von der Situation aller anderen Deutschen unterscheidet, die ihr Abendessen während der Fernsehnachrichten über Hungergebiete verzehren, hat die Betroffenheit, die dem Erlebnis folgte, sie verändert. Der Fernsehzuschauer kann sich dem Anblick der hungrigen Gesichter durch Wegzappen entziehen; Axel Brümmer und Peter Glöckner konnten sich nicht mal umdrehen, sie waren von den Kindern umringt. So blieb ihnen, im Gegensatz zu den meisten Fernsehzuschauern, die Erkenntnis nicht erspart: Wir sind nicht so, wie wir gerne sein würden. Auch wir teilen nicht, wenn wir selbst am Verhungern sind. Diese Erkenntnis war so intensiv und unausweichlich, daß die beiden Weltumradler schon unterwegs anfingen, an sich zu arbeiten, und beschlossen, gegen das Elend in der Dritten Welt konkret etwas zu unternehmen. Eine der Konsequenzen ist das Kinderheim-Projekt in Bolivien. Ob sie es selbst glauben oder nicht, wer will bezweifeln, daß Axel Brümmer und Peter Glöckner ihrem eigenen Dasein damit einen ganz besonderen Sinn gegeben haben?

Ankommen in der Gegenwart

Der Sinn des Lebens – für Heinz Kallin liegt er darin, nicht nur zu wissen, sondern wirklich begriffen zu haben, daß man nur ganz kurze Zeit Gast auf der Erde ist, sich daher sein bißchen Zeit so angenehm wie möglich zu machen, ohne dabei wichtige Grundwerte aus dem Auge zu verlieren oder unangenehme Erfahrungen zu betäuben oder zu verdrängen.

Zufriedenheit mit dem eigenen Tun, darin sieht Tilmann Waldthaler den Sinn eines Lebens. Für ihn selbst war es ein langer Weg dorthin, ein Weg, der begann, als er das erste Mal in die Pedale trat. Im Radfahren, einer für ihn damals neuen Dimension des Reisens, erkannte er einen Regelkreis: Man muß fit sein an Geist und Körper, um es betreiben zu können, und das Radfahren wiederum trägt zu mehr Wohlbefinden bei. Als ihm das aufging, habe er sich gefragt: Bin ich eigentlich zufrieden mit meinem bisherigen Leben? Und da er die Frage verneinen mußte, fing er an, Korrekturen vorzunehmen. Um seine Kondition zu verbessern, stellte Tilmann Waldthaler seine Ernährung um, verzichtete vor allem auf Fleisch und Süßes. Das sei ihm zunächst schwer gefallen, umso mehr durch seinen Beruf als Koch und Konditor. Bald aber fühlte er sich besser und stieg ganz auf vegetarische Kost um. Doch damit stand er vor einem Dilemma: Für sich selbst hatte er erkannt, daß Speisen, die gut schmecken, nicht gut sein müssen für den Körper – für seine Gäste aber würde er diesem Prinzip zuwiderhandeln. Tilmann

Waldthaler schloß, daß es zum Wohlbefinden der Leute beitragen würde, wenn er seinen Beruf aufgäbe – und tat es.

Natürlich faßte Tilmann Waldthaler seinen Entschluß nicht aus völlig uneigennützigen Gründen. Er hatte seinen Beruf schon zuvor immer seltener ausgeübt, weil das Radfahren immer mehr in den Vordergrund getreten war. Doch die Grundtatsache, daß er sich auf eine Entwicklung eingelassen hat, die sein Leben völlig umkrempelte, daß alles in die eine Richtung zu weisen schien, deutet ihm an, daß er einem tieferen Sinn folgte, dem Sinn *seines* Lebens. Und das ist es auch, was manch anderer Reisende erfahren hat: Den Sinn des Lebens, wenn es ihn denn gibt, kann jeder nur für sich selbst entdecken – allein darin liege auch das persönliche Lebensglück.

Alois Hofmann findet seinen Lebenssinn in der Erkenntnis, daß er, auch wenn ihn das Elend in anderen Ländern noch so erschüttert, die Welt nicht verändern, daß er aber zumindest ein paar Menschen helfen kann. Aus dieser Einsicht heraus hat sich Alois Hofmann ein Patenkind in Indonesien gesucht, einen kleinen Jungen, den er finanziell unterstützt und zuweilen auch besucht.

Sigrid Wolf-Feix findet den Sinn ihres Lebens im Reisen selbst. Der Mensch sei nicht zum seßhaften Leben geboren, erst recht nicht dazu, sich dem Kreislauf von Geldverdienen und Geldausgeben zu unterwerfen. Daher habe ihr Leben nur dann einen Sinn, wenn sie ständig unterwegs sein und sich weiterbilden könne.

Worin der Sinn des Lebens auch immer liegen mag, ob mancher Reisende ihn wirklich gefunden hat, ob das Reisen selbst einen Menschen seiner Bestimmung näher bringen kann – das Leben des Abenteurers scheint doch zumindest reicher an Erkenntnissen als das des Seßhaften: Wer viel in fremden Ländern unterwegs ist, der kommt den Widersprüchen des Menschseins auf die Spur, betrachtet die Welt differenzierter, sieht sich selbst und seine Heimat mit anderen Augen, erkennt die wahren Sonnen- und Schattenseiten des Lebens, kommt an in der Gegenwart.

Aber tut er sich dadurch auch leichter mit den großen Zumutungen, mit denen Menschen sich im Laufe ihres Lebens auseinanderzusetzen haben?

KRANKHEITEN, ALTERN, TOD

Neuanfang ist immer möglich

Eine Midlifecrisis hatte Andreas Pröve zwar nicht; aber zuweilen empfindet der 41jährige schon ein bißchen Angst bei dem Gedanken, daß er irgendwann nicht mehr so wird agieren können wie jetzt. Sein ganzes Leben sei derzeit auf Reisen und Vortragstourneen ausgerichtet – darauf eines Tages verzichten zu müssen, so fürchtet er, würde ihn in ein tiefes Loch reißen.

Immer wenn ihm derlei düstere Gedanken kommen, tröstet sich Andreas Pröve mit der Gewißheit, daß ihm dann schon ein Neuanfang gelingen würde. Immerhin hat er es schon einmal geschafft, ein ganz neues Leben zu beginnen – und das unter dem Eindruck einer weit drastischeren Veränderung als sie der Alterungsprozeß mit sich bringen könnte.

Im Alter von 22 Jahren flog Andreas Pröve nach Bangladesch und unternahm damit seine erste abenteuerliche Reise. Sein Beruf als Tischler hatte ihm zuvor wenig Gelegenheit für derartige Touren gelassen: Die vier Wochen Jahresurlaub reichten gerade, um sich von der Knochenarbeit an der Hobelbank zu erholen, für aufwendige Reisen fehlte einfach die Zeit.

Kurz nach seiner Rückkehr aus Bangladesch verunglückte Andreas Pröve mit dem Motorrad – und fand sich danach im Rollstuhl wieder. Auf einmal hatte er alle Zeit der Welt, aber exotische, ursprüngliche Länder schienen ihm als Querschnittsgelähmtem unzugänglich. Bei seiner Bangladesch-Reise hatte Andreas Pröve jedoch »Blut geleckt« und – vor seinem Unfall – für den nächsten Urlaub eine Tour nach Indien ins Auge gefaßt. Jetzt fragte er sich: Hat eine solche Reise schon jemals ein Rollstuhlfahrer gemacht? Ist sowas in meiner Situation überhaupt auf eigene Faust möglich?

Zu diesem Zeitpunkt sei es schon ein Abenteuer gewesen, ohne fremde Hilfe mit der Eisenbahn vom Krankenhaus in seine Wohnung zu gelangen. Doch Andreas Pröve biß sich an der Idee einer Indienreise fest, es reizte ihn, es einfach mal zu probieren. Den Hindernis-

sen, die sich schon allein beim Gedanken an die Flugreise im Rollstuhl vor ihm auftaten, setzte er eine einzige Frage entgegen: Was kann ich denn verlieren? Die Antwort darauf ließ ihn den Wunschtraum schließlich in die Tat umsetzen: Schlimmstenfalls muß ich aufgeben und bin nach ein paar Tagen wieder zurück.

Andreas Pröve packte seine Koffer. Erst jetzt, auf dem Weg nach Indien und in den ersten Tagen dort, wurde ihm so richtig klar, daß seine Behinderung weit mehr Beeinträchtigungen mit sich brachte als allein die, nicht laufen zu können. Eines der größten Probleme war die Unverträglichkeit mancher Speisen in Verbindung mit der Inkontinenz durch die Querschnittslähmung. Dann die öffentlichen Verkehrsmittel: Wie soll man als Rollstuhlfahrer in Busse kommen, die so überfüllt sind, daß die Menschen in Trauben daran klammern?

Vor seiner Abreise hatte Andreas Pröve damit gerechnet, daß er nach einer Woche wieder zu Hause sein würde. Trotz einer Vielzahl von Schwierigkeiten vor Ort, die er gar nicht hatte vorhersehen können, hielt er jedoch über einen Monat durch. Dieser selbsterbrachte Beweis seiner Durchsetzungskraft habe ihm einen gewaltigen Schub bei der Rehabilitation gebracht, sein Selbstvertrauen sei nicht nur wiedergekehrt, sondern gewachsen, Andreas Pröve wußte jetzt: »Solche Abenteuerreisen sind auch mir immer noch möglich, und es ist mir noch viel mehr möglich.« Mit einem mal stand ihm die Welt offen.

Sterblichkeit als Motor aller Aktivitäten

Auch andere Abenteurer, die unter weniger ungünstigen Bedingungen mit dem Reisen angefangen haben, die mit der Erfahrung, bei Null nochmal beginnen zu müssen, noch nicht konfrontiert wurden, trauen es sich doch zu, damit zurechtzukommen, sollten sie irgendwann aus Gründen von Krankheit oder Altersschwäche auf ihre Leidenschaft verzichten müssen. Abenteurer sein, das heiße ja gerade, sich selbst immer wieder neu zu finden. Altern sehen sie nicht als Einschränkung, mit den Jahren wüchsen vielmehr die Erfahrungen, und dadurch falle es mental leichter, anstrengende Projekte durchzustehen. Und ob die Körperkräfte nachlassen oder nicht, das hinge vor allem davon ab, wie man mit seinem Körper umgehe: »Ein gut trainierter 60er kann fitter sein als ein unsportlicher 30er.«

Hans Memminger ist dafür der lebende Beweis. Daß er über 60 ist, darauf deuten allenfalls die grauen Haare, körperlich ist er ein Kraftpaket, ans Kürzertreten denkt er nicht. »Beim Kajakfahren kann ich noch ohne weiteres mithalten«, sagt er, »nur die Motivation nimmt ein bißchen ab.« Was er damit meint, ist nicht etwa beginnende Altersträgheit, sondern eine Verlagerung der Interessen: »Im Herbst des Lebens gehen die Sinne nach innen, man schöpft aus dem Reichtum der Erfahrung und ist gar nicht mehr so sehr auf neue Eindrücke aus.« Daß ihn auch ein noch so aktives und gesundes Leben auf Dauer nicht vor körperlichen Einschränkungen wird bewahren können, sieht er grundsätzlich gelassen. Zwar empfinde er den Alterungsprozeß zuweilen als »Riesenpeinigung«, doch habe er gelernt hinzunehmen, daß man nicht immer Frühling haben kann, irgendwann sei »jedes Fahrzeug verschlissen«. Körperlichen Verfall, Verletzungen und Krankheiten sieht Hans Memminger zudem als Triebfedern der geistigen Entwicklung: »Ohne schmerzhafte Eindrücke kommt der Mensch nicht zum Nachdenken.«

Peter Gebhard geht in dieser Ansicht noch einen Schritt weiter: »Daß ich altern und sterben muß, das ist für mich keine Zumutung, ich betrachte es im Gegenteil sogar als Motor all meiner Aktivitäten. Wäre ich unsterblich und immer jung, ich würde wahrscheinlich nur noch herumsitzen und alle Pläne auf später verschieben. So aber bleibt mir keine Zeit zum Warten.«

Heinz Kallin sieht es ähnlich positiv: »Gerade weil ich mir meiner Sterblichkeit voll bewußt bin, bekomme ich jeden Tag mehr Lust am Leben. Auch das Altern bereitet mir keine Probleme, ich treibe viel Sport, ernähre mich gesund, habe ständig mit jungen Leuten zu tun, lebe in jeder Weise intensiver als noch vor 20 Jahren. Mit einer solchen Einstellung kann man das biologische Alter weit hinausschieben.«

Außerdem, da ist sich Arved Fuchs sicher, verändert sich mit zunehmendem Alter auch die Zielsetzung. Noch spüre er keinen Leistungsabfall, aber wenn es einmal so weit sein wird, würde es ihm nicht schwer fallen, damit zurechtzukommen, denn »schneller, höher, weiter« sei ohnehin nie sein Ding gewesen. Ihm sei es wichtig, körperliche Grenzen zu erkennen, zu ihnen zu stehen und das zu machen, was man gerade schafft.

In jedem Alter so weit gehen, wie man eben kann, sich den verändernden Möglichkeiten anpassen, das ist für die meisten Reisenden, für die meisten Abenteurer das Patentrezept, sich mit dem Altern anzufreunden. In einem Punkt sind sich daher alle einig: »In Rente gehen ist absoluter Unfug.« Wer sich in einem bestimmten Alter zurücklehne und seine aktive Zeit als beendet betrachte, der könne sich gleich sein eigenes Grab schaufeln. Bis zuletzt gefordert sein wollen sie, am liebsten beim Sport oder auf Reisen aus dem Leben gerissen – und dann aber auf keinen Fall wiederbelebt werden.

Vor allem Rüdiger Nehberg und Bruno Baumann sind viel mit dem Tod konfrontiert worden, haben den Unterschied kennengelernt zwischen einem natürlichen Verlöschen und dem endlosen Sterben an Apparaten. Grausen beim Gedanken an ihr Ende empfinden sie nur, wäre dieser Tod ein solches Siechen im Krankenhaus.

Und das nicht nur wegen hinausgezögerter Qualen. Bei einer Tibet-Reise im Jahr 1985 hatte Bruno Baumann Gelegenheit dabei zu sein, wie ein Lama einen Sterbenden anhand des Tibetanischen Totenbuches Schritt für Schritt ins Jenseits hinüberbegleitete, ihm die Bedeutungen der Situationen erläuterte, die er beim Sterben durchlitt. Kaum habe dieser Mensch aufgehört zu atmen, sei sein Körper den Geiern hingeworfen worden, sogar die Knochen hätten die Vögel davongeschleppt. Zu beobachten wie ein Mensch in Frieden stirbt und sich dann innerhalb von Minuten ins Nichts auflöst, habe ihn unerhört sensibilisiert, sagt Bruno Baumann. Seitdem wisse er: »Das Sterben ist ein Erlebnis, das keinem Menschen durch Maschinen verbaut werden darf.«

Umgehend in den Kreislauf der Natur aufgenommen und damit »kostendämpfend recycelt« zu werden, so stellt sich Rüdiger Nehberg sein Ende vor. Am liebsten wäre es ihm, wenn es ihn »voll an der Front im Urwald« erwischte. Für den Fall, daß er zu Hause sterben sollte, hat er vorgesorgt und seine Leiche der Universität Hamburg vermacht: »Damit nichts rumliegt, und damit meine Verwandten nicht dauernd zum Friedhof müssen.« Die wenigsten Abenteurer treiben es so weit in ihren Plänen, aber alle gehen sie unverkrampft um mit dem Thema Tod. Denn wer ein intensives, erfahrungsreiches Leben führt, kann auch in relativ jungen Jahren schon sagen: Wenn es mich jetzt treffen würde, ich hätte nichts versäumt.

Wie Weltreisende, wie Abenteurer über den Tod denken, am schönsten hat es Alois Hofmann in Worte gefaßt: »Ich bin mir sehr bewußt, daß ich nur noch eine begrenzte Zahl von Jahren habe, und dieses Bewußtsein hilft mir sogar. Ich muß mich nicht verrückt machen, ich muß kein Haus bauen, das 500 Jahre hält, ich kann voll in der Gegenwart leben. Das Leben ist so schön, ich bin so froh, daß ich hier sein darf – warum soll ich mir das vermiesen mit Ängsten vor Altern und Tod? Ob es danach weitergeht, darüber mache ich mir keine Gedanken, das werde ich sehen, wenn es so weit sein wird. Vielleicht wird der Tod ja sogar die tollste Reise, die ich je machen werde.«

Das schönste Licht brennt in dir selbst

Was wir von Weltreisenden, was wir von Abenteurern lernen können, auf den zurückliegenden Seiten ist zwischen den Zeilen so manche Antwort auf diese Frage zu finden. Was die Interviewpartner, die zu diesem Buch beigetragen haben, konkret über die Botschaft denken, die sie mit ihren Vorträgen und Büchern in die Welt hinaustragen, was sie meinen, was man sich von ihnen abschauen könnte, das soll hier in ihren eigenen Worten folgen.

Bruno Baumann: Es ist möglich, eigene Wege zu gehen, auch wenn noch so viele Hindernisse unsere Freiheit begrenzen. Man sollte daher nie andere Menschen kopieren, sondern in sich hineinhorchen und sich fragen: Was beglückt mich? Ich selbst habe mir auf diese Weise ein Leben kreiert, das absolut erfüllt ist.

Axel Brümmer und Peter Glöckner: Es sind 1.000 kleine Dinge, die wir bei unseren Reisen gelernt haben. Was wir davon weitergeben möchten, ist der Rat: Geht hinaus in die Welt und schaut euch um, aber wenn ihr hinausgeht, dann richtig. Nehmt euch Zeit für langsames und intensives Reisen, denkt nach über euch selbst und die Welt und schöpft dabei innere Zufriedenheit. Weg von der Oberflächlichkeit, das klingt bei unseren Vorträgen immer wieder an. Aber zu unseren Veranstaltungen kommen ohnehin meist die Leute, die das selbst schon erkannt haben. Deshalb haben wir damit angefangen, unsere Vorträge auch vor Schülern zu halten.

Arved Fuchs: Man muß unterscheiden lernen zwischen wichtigen und unwichtigen Lebensaspekten. Für mich selbst ist Freiheit das Allerwichtigste – Auto, Fernseher oder ein eigenes Haus, das alles ist mir ziemlich egal. Viel besitzen betrachte ich als Götzenanbeterei, weniger ist für mich mehr. Mir geht es darum, meine Instinkte wieder zu wecken, ein anderes Verhältnis zur Natur zu finden und immer wieder aufs Neue zu entdecken, daß Zeit unterwegs eine andere Bedeutung hat.

Peter Gebhard: Neugierig und offen sein, Erlebnisse und Eindrücke hinterfragen, das ist für mich das Wichtigste, was ich unterwegs gelernt habe. Um das zu erkennen, muß niemand nachmachen, was ich tue, es langt schon, zu Hause seine Schlüsse zu ziehen aus dem, was einem widerfährt, und zu erkennen: Die Welt ist unendlich facettenreich, und das Leben hat mehr parat, als man meint.

Christina Haverkamp: Abenteuerlich zu leben, kann ein ganz besonderes Selbstbewußtsein schaffen. Man lernt, niemals aufzugeben, sich nicht unterkriegen zu lassen, für sich selbst zu denken und sich fremder Autorität nicht zu beugen. Die wichtigste Lehre aber, die ich in meinem Leben gezogen habe, lautet: Es ist besser, eine Entscheidung zu treffen, die man hinterher korrigieren muß, als sich ums Entscheiden zu drücken. Auch durch eine Fehlentscheidung kann man weiter kommen, und Weiterkommen ist immer besser als Stillstand. Durch diese Erkenntnis hat sich meine Einstellung zum Leben wesentlich gelockert.

Alois Hofmann: Wenn jeder in den reichen Ländern nur einem Menschen in einem armen Land helfen würde mit ein paar Mark im Monat, dann wäre allen geholfen, auch den Spendern, denn dann würde der Regenwald nicht mehr in dem Ausmaß abgeholzt, und es gäbe weniger Armutsflüchtlinge. Wir alle sollten uns den Unterschied in den Lebensverhältnissen zwischen Deutschland und einem Land in der Dritten Welt mal wirklich bewußt machen, dann würde hier auch nicht mehr so viel gejammert. Es kann bei uns nun mal nicht ständig bergauf gehen, während die halbe Welt im Dreck lebt. Grenzenloser Wohlstand macht ja auch gar nicht glücklich. Eigentlich könnte man hier bei uns rundum zufrieden sein, man ist gegen fast alles versichert, niemand muß hungern; in Wahrheit haben die reichen Länder aber die höchste Selbstmordrate. Natürlich nützt es nichts, das alles zu predigen, jeder muß selbst drauf kommen. Dazu ist es nicht nötig, ans andere Ende der Welt zu fliegen, es reicht schon, statt in die Touristenorte mal ins europäische Hinterland zu fahren, um ins Nachdenken zu kommen. Es lohnt sich, einfach mal andere Wege zu gehen.

Heinz Kallin: Lächeln und seinen Mitmenschen mit Achtung gegenübertreten, das ist es, was ich in anderen Ländern gelernt habe. In Afrika haben die Leute fast nichts zu essen, es ist tierisch heiß, eine Plastik-Trinkflasche mit trübem Wasser gilt schon als großer Luxus – aber sie lächeln. In Europa dagegen hat jeder was zu mosern, es wird jämmerlich geklagt über die Rückenschmerzen, die man sich in seinem Luxusflitzer holt. Kaum jemand kriegt mehr die Zähne auseinander, Bitte und Danke sind Fremdwörter geworden. Wenn ich das eine Zeitlang mitgemacht habe, dann muß ich einfach wieder hinaus.

Thomas Kropff: Man sollte sich verabschieden vom absoluten Sicherheitsdenken, man sollte versuchen kreativ und spontan zu sein, so breitflächig wie möglich zu denken und auch mal was Ungewöhnliches zu machen. Und man sollte sich fragen: Was will ICH? Richte ich mich bei dem, was ich tue, ständig nur nach guten Ratschlägen von Familie und Freunden oder tue ich das, was mir selbst wichtig ist? Die Antwort muß nicht auf eine Reise hinauslaufen, es geht einfach nur grundsätzlich darum, soweit zu kommen, daß man sagt: Das tue ich jetzt einfach mal, egal was der Nachbar dazu sagt!

Thomas Mack: Jeder sollte versuchen, auf eigene Faust zu handeln, seine Erfahrungen selbst zu machen. Schließlich lebt man für sich und nicht für seine Freunde. Wenn man schon nicht auf Reisen gehen will, dann sollte man einfach mal versuchen, eine Zeitlang auf den normalen Standard zu verzichten. Nach jedem Stromausfall sagen die Leute hinterher, das sei mal ein besonders schöner Abend gewesen bei Kerzenlicht und Gesprächen statt vor dem Fernseher. Es geht darum, nicht immer mehr zu wollen, sondern sich lieber erst mal an den Dingen zu erfreuen, die man bereits hat. Und man sollte auch mal was abgeben. Meist teilen ja gerade die Leute, die ohnehin schon wenig besitzen.

Michael Martin: Man sollte immer das machen, wofür man selbst steht, sich nicht reinreden lassen, sondern das durchziehen, was man für richtig hält. Irgendwann kommt dann auch mal der Erfolg, den man sich erhofft.

Rüdiger Nehberg: Geh nicht immer nur nach deinem Sicherheitsdenken, mache auch mal was, das risikobehaftet ist – das ist der wichtigste Tip, den ich geben kann. Man sollte versuchen, sich seine Träume zu erfüllen, das Leben bekommt schon durch den Versuch eine ganz andere Qualität. Darauf sollte man aufbauen, sich immer höhere Ziele setzen und damit sein Leben zum Besseren verändern.

Andreas Pröve: Mein wichtigstes Ziel bei Vorträgen ist es, den Leuten die Scheu vor Behinderten zu nehmen und zu zeigen, daß ein Rollstuhlfahrer kein armer, kranker, bemitleidenswerter Mensch sein muß. Zweitens will ich den Leuten den Spiegel vorhalten: Wir leben hier in Saus und Braus, während es anderswo heftig zugeht mit Armut und Elend. Mein drittes Ziel ist es, klar zu machen, daß es jedem möglich ist, extreme Reisen zu machen, man muß nur aus sich herausgehen, es einfach mal versuchen. Dafür will ich Beispiel sein, denn für mich war der erste Schritt ungleich schwerer als für andere.

Dirk Thiele: Man sollte offen und ehrlich durch die Welt gehen und nicht voreingenommen sein, denn das Sprichwort »Wie man in den Wald hineinruft...« stimmt hundertprozentig. Mit Liebe erreicht man einfach am meisten. Ich selbst würde zwar nicht in Kriegsgebiete reisen, in fundamentalistische Länder aber schon, denn auch von den Menschen dort hat man nichts zu befürchten, wenn man ihnen offenen Herzens begegnet.

Wolfgang Uhl: Man muß sich nicht unbedingt mit dem Buschmesser durch den Kongo schlagen, Abenteuer kann man auch in seiner Heimat erleben. Dazu braucht man keinen Selbstverwirklichungskurs, es geht einfach nur darum, etwas aus eigenem Antrieb zu machen, kreativ zu sein und nie aufzugeben.

Tilmann Waldthaler: Jeder Mensch hat einen Hausverstand, und mit dem sollte man sich befassen, bevor man sich in Computerprogramme oder Internet vertieft. Und man sollte in allem, was man tut, bleiben, wer man selbst ist. Ich habe gelernt, indem ich durch die Welt gefahren bin, daß das schönste Licht nicht das bunte Glitzern der Konsumwelt ist, sondern daß es in einem selbst brennt. Ich fühle mich sehr privilegiert, daß ich meine Reisen so machen kann, wie ich mir das vorstelle. Aber auch jeder andere kann sich seine Träume erfüllen. Jeder Mensch hat 24 Stunden am Tag. Ob er ein glückliches Leben führt oder nicht, hängt davon ab, wie er sich diese 24 Stunden einteilt.

QUELLEN

Andersch, Alfred: Hohe Breitengrade oder Nachrichten von der Grenze. Zürich 1984

Bäumler, Matthias: Vom Luxus, wenig Geld und viel Zeit zu haben. Aus: Frankenpost, Tageszeitung für Oberfranken, Montag, 4. Januar 1999

Baumann, Bruno und Toni Siller: Trekking: Ein Ratgeber. München 1992 / Takla Makan: Mein Weg durch die Wüste des Todes. München 1990 / Seminar am 21. November 1998 bei Extrem-Symposium in Sindelfingen / Telefon-Interview am 8. Dezember 1998

Beer, Klaus und Erika Beer: Fernweh: Mit der Kamera um die Welt. Oberschleißheim 1994 / Fernweh: Mit der Kamera um die Welt, Band 2. Oberschleißheim 1995 / Schriftliche Antworten auf Interviewfragen am 9. November 1998 / Interview am 2. Januar 1999 in Hof

Boukreev, Anatoli und G. Weston DeWalt: Der Gipfel: Tragödie am Mount Everest. München 1998

Brenning, Klaus: Die Abenteuer der ersten Reisefotografen. Aus: P.M. – Peter Moosleitners interessantes Magazin, Dezember 1998

Brümmer, Axel und Peter Glöckner: Weltsichten: Fünf Jahre mit dem Fahrrad unterwegs. Broschüre zum Lichtbildervortrag / Weltsichten: Fünf Jahre mit dem Fahrrad unterwegs. Lichtbildervortrag am 21. September 1999 in Hof / Unterwegs zum Amazonas: Mit Faltbooten zu Goldsuchern und Indianern. Himberg bei Wien 1999 / Interview am 7. November 1999 in Saalfeld

Denart, Klaus: Telefon-Interview am 21. Dezember 1998

Fuchs, Arved: Von Pol zu Pol. Köln 1990 / Abenteuer Arktis. Stuttgart 1982 / Abenteuer Russische Arktis. Köln 1991 / Interview am 20. November 1998 bei Extrem-Symposium in Sindelfingen / Multivisions-Show »Arctic Passages« am 20. November 1998 bei Extrem-Symposium in Sindelfingen

Gebhard, Peter: Interview im August 1997 in Hof / Diaschau »Patagonien / Feuerland« am 30. September 1997 in Hof / Multivision »New York – Metropole der Superlative« am 25. Februar in Hof / Interview am 27. Februar 1999 in Hof

Glanzmann, Eva und Beat: Interview im Juli 1998 auf der Husky-Farm bei Haines Junction, Yukon

Habeler, Peter: Der einsame Sieg: Mount Everest '78. München 1978

Hant, Peter: Das Drehbuch: Praktische Filmdramaturgie. Waldeck 1992

Haverkamp, Christina: Gespräch am 9. Oktober 1998 nach Yanomami-Vortrag in Würzburg / Telefon-Interview am 5. Mai 1999 / Nachbesprechung am 19. August 1999 in Felde

Herms-Bohnhoff, Elke: Den Traum erfüll' ich mir – Frauen wagen ein neues Leben. Zürich 1995

Hofmann, Alois: Interview am 22. Dezember 1998 in Hof

Huber, Alexander: Seminar am 22. November 1998 bei Extrem-Symposium in Sindelfingen

Kallin, Heinz: Telefon-Interview am 10. Februar 1999

Kammerlander, Hans: Multivision am 22. November 1998 bei Extrem-Symposium in Sindelfingen / Bergsüchtig. München 1999

Kleinsteuber, Hans J.: Reisejournalismus. Opladen 1997

Köhler, Manfred und Erika und Klaus Beer: Alaska Highway No. 1. Luzern 1998

Krakauer, Jon: In eisige Höhen: Das Drama am Mount Everest. München 1998

Kropff, Thomas und Silke Hofmann: Interview am 19. Dezember 1998 in Hof / Der Weg ist das Ziel: Von Hollywood nach Buenos Aires. Manuskript zum Lichtbildervortrag

Kuhlmann, Marco: Interview am 11. November 1998 in Helmbrechts

Lafaille, Jean-Christoph: Multivision am 21. November 1998 bei Extrem-Symposium in Sindelfingen

Löffler, Dietmar: Interview 7. November 1998 bei Stunt-Schulung in Mohnheim bei Köln / Telefon-Interview am 2. Dezember 1998

Mack, Thomas: Interview am 9. Februar 1999 in Jägersruh

Martin, Michael: Die Wüsten Afrikas. Diaschau am 20. September 1998 in der Freiheitshalle Hof / Telefon-Interview am 7. Januar 1999

Memminger, Hans: Die Arktis im Kajak: Von Grönland nach Kanada 2.400 Kilometer durch das Eismeer. Rosenheim 1990 / In Sturm und Eis: Mit dem Kajak durch die Nordwest-Passage. Rosenheim (zu beziehen über Hans Memminger) / Interview am 21. November 1998 bei Extrem-Symposium in Sindelfingen / Seminar am 21. November 1998 bei Extrem-Symposium in Sindelfingen

Messner, Reinhold: Überlebt: alle 14 Achttausender. München; Wien; Zürich 1987 / Der gläserne Horizont: durch Tibet zum Mount Everest. München 1982 / Alle meine Gipfel. München 1993 / Bis ans Ende der Welt. München 1990 / Antarktis: Himmel und Hölle zugleich. München 1990 / Berge versetzen: das Credo eines Grenzgängers. München; Wien; Zürich 1996 / Everest: Expedition zum Endpunkt. München 1998

Nehberg, Rüdiger: Die Kunst zu überleben – Survival. Frankfurt/M.; Berlin; Wien 1984 / Drei Mann, ein Boot, zum Rudolfsee. Frankfurt/M.; Berlin; Wien 1983 / Im Tretboot über den Atlantik. Hamburg 1988 / Leben mit Risiko: Gespräche mit Hans-Dieter Schütt. Berlin 1998 / Let's fetz: Heute beginnt der Rest des Lebens. Frankfurt/M.; Berlin 1991 / Überleben in der Wüste Danakil. München 1998 (2. Auflage) / Über den Atlantik und durch den Dschungel: Eine Rettungsaktion für die Yanomami. / Verrückte Überlebenstricks. Dia-Vortrag am 24. März 1998 in der Freiheitshalle Hof / Interview am 23. September 1998 in Rausdorf bei Hamburg / Telefon-Interview am 19. Januar 1999 / Berliner Begegnungen: Rüdiger Nehberg. Fernsehinterview, ausgestrahlt am 25. Februar 1999 auf 3SAT / Yanomami – eine Kultur vor dem Untergang. Dia-Reportage am 13. April 1999 in der Freiheitshalle Hof

Ortlepp, Gunar: Ein Sarg schwimmt auf dem Blauen Nil. Aus: Der Spiegel – Das deutsche Nachrichten-Magazin, Nr. 50 / 1978

Ott, Rainer: Interview am 4. Oktober 1999 in Hof

Ousland, Börge: Multivision am 21. November 1998 bei Extrem-Symposium in Sindelfingen

Peroni, Robert: Kurzvortrag am 21. November 1998 bei Extrem-Symposium in Sindelfingen

Pramann, Ulrich: Fit for Fun: Der Abenteuer Guide. München 1998

Pröve, Andreas: Telefon-Interview am 20. Januar 1999

promedia (Herausgeber): Mission impossible – der unmögliche Weg. Aus: Kodarama – Dias unserer Erde, Dia-Vortragsprogramm 1998/99

Rienhardt, Joachim und Wolfgang Röhl: Die Sehnsucht nach dem Abenteuer. Aus: Stern – Das deutsche Nachrichten-Magazin, Nr. 51 / 1998

Ritter, Christiane: Eine Frau erlebt die Polarnacht. Berlin 1998 (14. Auflage)

Schneider, Wolf: Die Sieger: Wodurch Genies, Phantasten und Verbrecher berühmt geworden sind. Hamburg 1992

Schwindl, Harald: Telefon-Interview am 14. April 1999

Scott, James und Joanne Robertson: Solange ich atme, hoffe ich. Zürich 1996

Sebert, Claudia: Vier Monate war der Weg mein Zuhause. Aus: Frankenpost – Tageszeitung für Oberfranken, Samstag, 6. Februar 1999

Semler, Gert: Die Lust an der Angst: Warum Menschen sich freiwillig extremen Risiken aussetzen. München 1997

Theroux, Paul: Der alte Patagonien-Expreß. München 1998

Thiele, Dirk: Telefon-Interview am 4. Januar 1999

Tierney, John: Der Ruf der Wildnis. Aus: Geo – Das Reportagemagazin, Dezember 1998

Tollefsen, Ivar: Multivision am 22. November 1998 bei Extrem-Symposium in Sindelfingen

Uhl, Wolfgang: Interview am 27. März 1999 in Lichtenberg

Waldthaler, Tilmann: Seminar am 22. November 1998 bei Extrem-Symposium in Sindelfingen / Telefon-Interview am 24. Januar 1999

Wank, Ulrich (Herausgeber): Break your Limits: Lust am Abenteuer. München 1999 (2. Auflage)

Weingarten, Susanne: Buchmarkt: Lockruf der Wildnis. Aus: Der Spiegel – Das deutsche Nachrichten-Magazin, Nr. 41 / 1998

Wolf-Feix, Sigrid: Interview am 1. Februar 1999 in Hof

DER AUTOR

Manfred Köhler, geboren am 6. Dezember 1964 in Hof, volontierte nach dem Abitur bei der oberfränkischen Regionalzeitung Frankenpost und arbeitete dort in verschiedenen Ressorts als Redakteur. Seit 1994 ist er verantwortlich für die regionale Monatszeitschrift PRO-HOF-Magazin und Geschäftsführer der Interessengemeinschaft PRO HOF. Als Buchautor schrieb er unter anderem die Texte für die Bildbände »Highway 50 – die längste Straße der USA« und »Alaska Highway No. 1« in der Reihe »terra magica« wie auch für die CD-ROM »Highway 50 – auf Amerikas Nebenstraßen von Ost nach West«.

ADRESSEN

Hans Memminger
Fischerstraße 10
83620 Feldkirchen
Telefon 08063/1442
Telefax 08063/6789

Weltsichten
Axel Brümmer
Am Sportplatz 42
07318 Saalfeld
Telefon 03671/357083
Telefax 03671/357084
Infos über: www.weltsichten.de

IMPRESSUM

Manfred Köhler
Sich einfach auf den Weg machen
Lebenserfahrungen von Globetrottern und Abenteurern
2. Auflage
ISBN 3-89602-335-7

ABBILDUNGEN

Die Fotos in diesem Buch wurden uns von folgenden Personen zum Zwecke der Veröffentlichung zur Verfügung gestellt:

Rüdiger Nehberg: Seiten I, II, III, 25
Thomas Kropff: Seiten IV, 19
Heinz Kallin: Seiten IV, 18
Arved Fuchs: Seiten V, 14
Manfred Köhler: Seiten V, XIV, 17, 21, 22, 26, 28
Peter Gebhard: Seiten VI, 15
Michael Martin: Seiten VI, 23, 171
Alois Hofmann: Seite VII
Wolfgang Uhl: Seiten VIII, 30, 88
Andreas Pröve: Seiten VIII, 27
Marco Kuhlmann: Seiten IX, 20
Klaus und Erika Beer: Seiten X, 11
Tilmann Waldthaler: Seiten XI, 31
Hans Memminger: Seiten XII, 24, 145
Axel Brümmer und Peter Glöckner: Seiten XIII, 12, 130, 152
Christina Haverkamp: Seiten XV, 16, 33
Bruno Baumann: Seiten XVI, 10
Klaus Denart: Seite 13
Sigrid Wolf-Feix: Seite 32

KATALOG

INTERNET